ショッピングの「楽しみ」を越えた、
次の「楽しみ」を目指して進化を続ける滋賀のランドマーク

近畿最大級約230店舗のアウトレットモール

みなさまの暮らしの楽しみの一部として
身近になったアウトレットモール。
ここで長い時間を過ごす方も多いはず。
みなさまの大切な時間を委ねてもらう場所だからこそ、
少しでも多くの「楽しみ」を感じてもらえるような場を
三井アウトレットパーク 滋賀竜王は作り上げてきました。

MITSUI OUTLET PARK
三井アウトレットパーク 滋賀竜王

☎0748-58-5031
(受付時間／10:00〜20:00)
滋賀県蒲生郡竜王町
大字薬師字砂山1178-694

アクセス
■車／名神高速道路竜王ICより約500m(駐車場無料)
■公共交通機関／JR「野洲駅」「近江八幡駅」より
　バスにて30分、「三井アウトレットパーク」停留所で降車
■京都駅発シャトルバス／土日祝のみ運行。完全予約制(詳細はHPをご覧ください。)

Pancake

ふんわり豆腐のオリジナルパンケーキ
¥700（税込）

生地に豆腐を織り交ぜたヘルシーでふんわりもっちりしたオリジナルのパンケーキは、ご注文をいただいてから丁寧に焼き上げます。シンプルにメープルと生クリームで味わう豆腐のパンケーキをはじめ、宇治抹茶のパンケーキや季節限定のパンケーキも是非ご賞味ください。

Sweets

❶ 京生麩と大福アイスのはんなり大人パフェ：890円（税込） ❷ 京の無添加黒糖本わらび餅：650円（税込）

無添加のわらび餅や手作りの宇治抹茶ぷりん、もちもちの京生麩を使ったパフェやあんみつなど、逸京のオリジナルスイーツをたくさん取り揃えております。

Lunch

限定数量

からだ喜ぶ
セレクトプレートランチ　¥1,080（税込）

逸京の和食料理人がつくるプロの技と旬の食材を気軽にお楽しみいただける、プレートランチメニューです。三種類から選べるセレクト主菜に汁物、サラダ、おばんざい小鉢三種もついてボリューム満点です。

●セレクト主菜は毎月変わります。
① 逸京の煮込みハンバーグ（和風みぞれあんかけ）
② 逸京の手作り春巻き：甘鯛と明太子とチーズと大葉巻
③ 逸京の焼き魚：鯵の幽庵焼き

逸京茶寮
いっけいさりょう

無添加調味料やお惣菜のブランド「京都岩倉 逸京」プロデュースのセレクトプレートランチやオリジナルの和スイーツがお楽しみいただけます。

京都岩倉逸京の自慢のお惣菜が楽しめるプレートランチをはじめ、ふわふわ豆腐のパンケーキなどのオリジナルスイーツを取り揃えたカフェレストランが近鉄百貨店草津店2階にオープンしました。

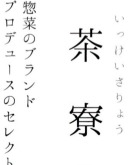
KYOTO IWAKURA

〒525-8515 滋賀県 草津市渋川1-1-50
近鉄百貨店 草津店 2階
※JR「草津駅」直結通路入口すぐ

● 交通手段：JR東海道線「草津駅」徒歩1分
● 電話番号：077-596-3119
● 営業時間：10時～19時30分
※百貨店の定休日に準ずる

http://www.kyoto-ikkei.com

SHIGA | CONTENTS

Leaf Special!
やっぱりスキ。滋賀
食べて、遊んで、見て 毎日をもっと楽しむ！

006	笑顔があふれるマルシェ	040	湖西がおもしろい
008	おいしいを目指してドライブランチ	054	長浜
012	滋賀の愛すべき新名所	062	彦根
016	わざわざ行きたいリザーブレストラン	070	東近江・八日市
020	ロケーションのいい店	076	近江八幡
024	どこまでも買いに行きたいパン	080	水口・日野
028	無性に食べたくなる近江牛	086	栗東・守山・野洲
030	県民なら押さえておきたい滋賀の新名物	094	草津・南草津
032	行列ができるラーメン	102	瀬田・石山
036	死ぬまでに見たい仏像	108	膳所
		112	大津
		117	高島

エリアの魅力再発見！

こんな楽しみも！

031 おいしい道の駅	038 水遊び	052 ダムの魅力に迫る	069 滋賀の穴場 多賀	
075 大人の社会見学	084 信楽へ行こう	092 滋賀の銘酒	110 山遊び	120 島、行っちゃう？

※ 本誌に掲載されている情報は、2016年6月現在のものです。
※ 料金や営業時間などの各データは、季節や日時の経過により変わる場合がありますのでご注意ください。
※ 掲載されている価格は特別な表記がない場合、8％の税込み価格となっています。
※ お盆、年末年始の休みは通常と異なる場合がありますので、各掲載店へお問い合わせください。
※ 掲載されている料理写真はイメージです。仕入れの都合や季節により内容が変更になる場合がございます。予めご了承ください。
※ ベーカリーやスイーツを除く飲食店にはKID'S DATAを表記しています。詳しくは各店舗へお問い合わせください。

表紙撮影／平田尚加　デザイン／岸本香織　撮影協力／ワイルドキッチン石窯パン工房（P26）

お米や野菜を育てる水が潤沢にある。
水辺や緑の中でのんびり過ごせる。
マザーレイク・琵琶湖の恵みに感謝しながら、
ゆたかな自然と共存している、滋賀県の人々。
生産者の顔が見える野菜やパンが並ぶマルシェ、
他府県の名店で修業した若手シェフのレストラン、
アートを身近に感じられるアトリエ兼カフェ、
新作を食べて見学できるスイーツ工房…
「新しい滋賀の魅力を創造したい!」
話題のショップにはそんな熱意が溢れています。

日々の生活も大切だけど、息抜きも必要。
ちょっと疲れた心をリセットできて
刺激と発見がもらえる、そんな滋賀本にしよう。
コツコツと地道なリサーチを重ねた編集部が
笑顔溢れる素敵なお店ばかりをピックアップしました。
お出かけ先を探す他府県の人はもちろん
地元・滋賀の人にこそずっとそばに置いてもらいたい!
おいしく、たのしく、
そしてもっと滋賀がスキになれる一冊です。

笑顔があふれる
マルシェ

「滋賀のどこにこんな人が!?」と思わず叫んでしまうほど、
個性的な作品や色濃い人々が集う場所。
目的がなくても、いつの間にかお気に入りを手にしているはず。

MAP / P125_2

満月マルシェ
まんげつマルシェ

滋賀県中のモノや人が集まるマルシェ

　今や滋賀県中の人々が集う、県内で最も活気のあるマルシェのひとつ。主催者のCha-taさんは、インドでヨガの修行を経て帰国。「自然の流れに沿ったイベントをしたい」と思うようになり、人間の気分が高揚する満月の日にマルシェをスタートさせた。当日は県内外から個性豊かな作家が出展し、会場は活気に満ち溢れている。作り手と直接会話をしながら選ぶ一点は、いつまでも大切に残したい、温もり溢れるものばかり。お目当てのものがあってもなくても、人々の笑顔に満たされるはず。

☎無
野洲市吉川3326-1
マイアミ浜オートキャンプ場
毎月満月と新月の日の10:00〜17:00
雨天決行　P有
http://kazuboo.jimdo.com/満月マルシェ/

SHIGA | マルシェ

MAP / P131_18
オーガニック＆つながるマーケット・しがiN 三井寺
大津

無農薬栽培の農作物を中心に、天然酵母パンや自然派デリなどのオーガニック食や、手作りの暮らしアイテムが揃う。原材料や作り手の想いが明確なことが出店の心得。

☎077・586・0623（暮らしを考える会）
大津市園城寺町246 三井寺（園城寺）千団子社周辺、駐車場横
毎月第3日曜 10:00〜15:00 ※8月は休、5月は第2日曜に開催 雨天決行 P有（三井寺駐車場、有料500円※2回目以降割引有）
http://organicmarketshiga.shiga-saku.net/

MAP / P131_18
近江神宮マルシェ"S"
大津

老若男女が楽しめる雰囲気作りを重視。ケーキやタコスの魅力的なグルメ、革製品や陶磁器といった多彩なハンドメイド作品と、ジャンルを問わず楽しめる。

☎077・584・5508
大津市神宮町1-1 毎月第3土・日曜
9:00〜16:00
雨天・雪天中止
（当日朝6時にHP、Facebookで告知）
P約70台
http://www.marches.sobile.co.jp/

MAP / P130_16
sumus marche
草津

毎月第一日曜日に、家づくりをしている[スムース]が開催するマルシェ。無農薬栽培の野菜、天然酵母パンやオーガニックフードなど、自然にも体にも優しい温もり溢れるものが揃う。

☎077・566・2535（株式会社スムース）
草津市草津町1866-6 [sumus]敷地＆SUMUS SHOP内
毎月第1日曜日10:00〜15:00（1・8月は休）
雨天決行 P20台
http://sumusmarche.jp/

MAP / P130_17
滋賀がいいもん市
草津

2006年に県内で初めて月1度の手作り市を開始。以来ジャンルを問わずたくさんの作品や人との出会いを繋いできた。飲食、オリジナルアイテムなど個性溢れるブースが集う。

☎090・1962・4800
草津市矢橋町2108 矢橋帰帆島公園内
毎月第2日曜日
10:00〜15:00
雨天中止 P有
http://shiga-monodukuri.net

MAP / P128_12
信楽げなげな市
信楽

地元家庭に伝わる漬物「田代漬け」や惣菜販売など信楽の魅力を感じられるアットホームな市。木工品や竹細工、手作り雑貨なども。境内では100円で乗馬体験ができる。

☎0748・82・0016
甲賀市信楽町長野 新宮神社内
毎月第1日曜 10:00〜15:00
※1・2・8月休 少雨決行
Facebook／げなげな市で検索

滋賀のベストマルシェ 10

湖南から湖北まで、今や滋賀県全土でさかんなマルシェと手づくり市。
その土地の名産を活かした作品や食品が並ぶので
はしごするのも楽しそう。
週末のおでかけリストにぜひ加えてみて。

MAP / P126_4
ひこねで朝市
彦根

活気を失いつつあった朝市を地元有志が集まり、若者層にもPRしようと4年前にリニューアル。約20店舗が、地元の新鮮野菜や豆腐、湖魚料理、地酒などを提供する。

☎0749・24・4461（ひこね市民活動センター） 彦根市尾末町1-59 護国神社境内
※8月のみ同市西沼波町175-1 epice café前 毎月第3日曜 8:00〜12:00
雨天決行（中止の場合は、前日にブログでお知らせ） P50台
http://ameblo.jp/hikonede-asaichi/

MAP / P126_4
はらぺこ朝市＠モモの樹
彦根

無農薬栽培野菜や地場大豆の豆腐、天然酵母パンなどを作る食のこだわり集団「さんしょ組」が開催する朝市。料理教室やイベント出店も別途開催。

☎080・1521・3949
彦根市日夏町713-19
美容室モモ内「モモの樹」 毎月第4水曜
※8月と12月休 10:00〜12:00
P4台
http://sansyogumi.shiga-saku.net/

MAP / P124_1
ゆっくりマルシェ in まいばら
米原

地元農作物や米粉パン、石臼挽きのフェアレードコーヒーなど環境に配慮した農家＆店舗が出店。「エコでスローなまいばら暮らし」を提案する。各月イベントも企画。

☎090・2101・6477（YUKKURI米原）
米原市長岡1050-1 ルッチプラザ内
奇数月の第1日曜
10:00〜15:00
雨天決行 P約200台
Facebook／Yukkuriまいばらで検索

MAP / P124_1
ぽれぽれマルシェ
長浜

作家が制作した多肉植物の寄せ植え、洋服、アクセサリーを中心に、県内のパン屋やカフェなども出店。会場は地域工務店のモデルハウスで、音楽ライブの開催も。

☎無
長浜市内保町7 内保製材株式会社「感響の家」 10:00〜16:00（年2回）
雨天決行
P50台
Facebook／ぽれぽれマルシェで検索

MAP / P124_1
朽木新本陣 日曜朝市
朽木

地元野菜や手作り惣菜など朽木特産品がズラリ。鯖街道に沿った地域らしく専門店や農家など半数の店舗が手製鯖寿司を販売。毎週県内外から訪れる数百人で賑わう。

☎0740・38・2398
高島市朽木市場777
道の駅くつき新本陣内
毎週日曜、祝日※祝日は不定期開催
7:00〜12:00
雨天決行 P100台

7

SHIGA TOPICS 2
遠足気分！
おいしいを目指して
ドライブランチ

緑が美しい春、秋には紅葉を楽しめる山の景色。
そんな風景を眺めながら車でお出かけしてみてはいかが。
その先にはおいしいご馳走が待っているはず。

SHIGA | ドライブランチ

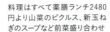

全粒粉のくるま麩を使ったトマト煮、滋味溢れる山菜の天ぷらなどおばんざい盛り合わせ

料理はすべて薬膳ランチ2480円より山菜のピクルス、新玉ねぎのスープなど前菜盛り合わせ

薬膳では血を補う効能があるというイカを忍ばせた手づくりの飛龍頭。やわらかで具だくさん

玄米に近い一分づきの無農薬米を使った鮭の炊き込みごはん、あさりの吸物、自家製の漬け物

MAP / P124_1

山のごはん よもぎ
やまのごはん よもぎ／奥伊吹

築100年の古民家で薬膳ランチ

自然豊かな山奥の田舎暮らしに憧れて、岐阜県から奥伊吹へ移住した上野さん。縁あって辿り着いたのは、標高500mの集落に建つトタン屋根の古民家。以前も垂井でオーガニックのカフェを営み、国際薬膳調理師の資格を持つ上野さんは、野草や山菜、ジビエなど、山の恵みを取り入れた自然食の食堂をオープンすることに。「たとえば初夏には心臓の機能を高め、血を補う食材を使うなど、二十四節気を考慮して献立を考えます」と、薬膳の思想に基づく健康的な手料理を振る舞ってくれる。昼は1日15食限定の「薬膳ランチ」2480円のみ。3日前までに予約が必要だが、"薬草の宝庫"といわれる伊吹山の大地のパワーが、疲れた体に元気をおすそ分けしてくれる。

KID'S DATA
子ども可／子どもメニュー無／子どもイス有

☎0749・59・0013
米原市甲津原452
金・土曜、第2日曜のみ11:00〜17:00
月〜木曜、第2以外の日曜休
（12〜3月は冬期休業）
全席禁煙　完全個室無　P有
http://yomogi-gohan.jimdo.com/

大地の恵みを受けた食材を味わって！

体に嬉しい薬草の山からの贈り物

こがしハンバーグ煮込みランチ1100円より。本日の前菜は魚介のゼリー寄せ、レンズ豆の冷製スープ、サラダ。日によって内容が異なる

ソースにコクと深みをもたせるため、少し焦げるくらい煮込んだ大きめのハンバーグが主役

はなももブレンド500円。ローズヒップやハイビスカスなどをブレンドし、疲れや美肌に効くというハーブティー

MAP / P125_2

Herb Garden Cafe 光の穂
ハーブガーデンカフェ ひかりのほ／栗東

花と緑に包まれた古民家カフェ

　目の前にのどかな田園風景が広がる集落の一軒家。築140年の歳月を経た古民家を改築し、子育て中のママからシルバー世代まで、誰もが集えるカフェをオープンした久保さん夫妻。敷地内のガーデンで栽培する季節のハーブを摘み取って、自家製のハーブティーや料理のアクセントに使用している。華やかな前菜から始まるランチは、箸でいただくカジュアルフレンチがベース。なかでもデミグラスソースで煮込んでほんのり焦がした特製ハンバーグが人気。テラス席はペット可。なるべく予約して足を運んで。

KID'S DATA

子ども可／子どもメニュー有／子どもイス有

☎077・552・2255
栗東市下戸山888
10:00〜18:00
木曜休、他臨時休業有
全席禁煙　完全個室有
P30台
http://www.hikarinoho.jp/

SHIGA | ドライブランチ

2016年春にリニューアル

MAP / P124_1
English Garden ローザンベリー多和田
イングリッシュ ガーデン ローザンベリーたわだ／米原

ガーデンを眺めながらのんびりカフェ時間

　イングリッシュガーデンを中心に、農園や牧場、BBQ場などが集まった施設。メインのガーデンは1万3000㎡もの広さを誇り、自生するヒマラヤスギや桜を活かした季節の植栽で、四季折々の花を楽しむことができる。また、人気のバイキング［大地のレストラン］をはじめ、ガーデン横に併設された［カフェ EASY TIME］では、庭を眺めながらゆったりとランチやティータイムが過ごせる。なかでも、季節のワッフル550円〜がおすすめ。

☎0749・54・2323
米原市多和田605-10
カフェ10:00〜17:00
レストラン11:00〜15:00　火曜休（祝日の場合は営業、12〜3月はショップ・レストランのみ営業）
全席禁煙　完全個室無　P200台
http://www.rb-tawada.com/

KID'S DATA
子ども可／子どもメニュー無／子どもイス有

おかず12品に岩魚の塩焼きと刺身などが付くワンプレートランチ2350円は、座敷でいただける。予約は当日の朝でも可。1550円のランチもある

MAP / P127_7
日登美山荘
ひとみさんそう／東近江

大自然の恵みを味わう山荘ランチ

　約300年前に建てられた茅葺き屋根の古民家を移築し、山間でひっそり営む一日一組限定の宿。囲炉裏がある座敷席で日帰りの食事を楽しむことができ、昔懐かしい風景や手作りの味を求めて遠方から足を運ぶ人も。コース料理4000円〜5000円には岩魚をはじめ、新鮮な地野菜や永源寺こんにゃく、丁子麩など滋味豊かな地元の食材を使用。完全予約制だが、前日までに予約をすれば岩魚を囲炉裏で焼いて味わえる。

☎0748・29・0112
東近江市政所町1691
12:00〜14:00(LO)
17:00〜18:00(LO)
不定休　禁煙席無
完全個室有　P10台
http://hitomi-sansou.main.jp/

KID'S DATA
子ども可／子どもメニュー無／子どもイス有

森の緑を楽しんで！

SHIGA TOPICS 3
滋賀の愛すべき 新名所

コンクリート打ちっぱなしのカフェ&アトリエ。
ジブリの世界に迷い込んだような建物。
今まで四角だと信じて疑わなかった食パン。
いい意味で滋賀らしくない、新しい風を巻き起こす新名所が急増中。

MAP / P125_2

VOID A PART
ボイド ア パート

ものづくりの息吹が集う空間が誕生

ガラスの廃材を使用したテラリウムに、植物の命を封じた「ハコミドリ」。斬新なデザインと発想で考案された"観葉箱"は、全国にファンを増やし続けている。そんなハコミドリのアトリエ兼実店舗として誕生したのが[VOID A PART]だ。代表の周防さんは、滋賀の生花店で生まれ育ち、東京での会社員生活を経て帰郷。久々に帰った滋賀でクリエイティビティな人々に出会い、日々魅了されていったという。自身でも作品を発表するようになり、そんな人たちが集える場所兼アトリエが作れたらと考えていた頃、イベント出展を主に活動していた[ゴマシオ堂]の店主・渡辺さんと出会う。彼女の握るおにぎりや人柄、考え方に惹かれ、熱烈なラブコールを送った。こうしてショップにはカフェが加わり、ハコミドリのアトリエはより多くの人に開かれた場所として誕生した。「様々な人が集い、新しい何かが生まれる場にしたい」と語る周防さん。アトリエは、無限(＝VOID)の可能性に溢れている。

☎無
彦根市柳川町218-1
10:00〜21:00
※ランチは土〜月曜の11:00〜15:00
火曜、第2・4水曜休
全席禁煙　完全個室無　P12台
http://voidapart.com/

KID'S DATA
子ども可／子どもメニュー無／子どもイス無

1.周防さんが作品に使用するガラスはすべて廃材。親戚のガラス工場から処分するものを譲ってもらっているそう　2.[半月舎]に選書を依頼し、不定期に蔵書を入れ替える本棚。植物や食、滋賀の歴史にまつわる本を中心におよそ800冊も揃う　3.「ハコミドリ」の作家である周防さん(右)とキッチン担当の渡辺さん(左)。二人の人脈が多くの人を店へと誘う　4.豆乳のフレンチトースト600円。無添加アイスを添えて。彦根の[マイクロレディ]の豆を使ったカフェオレ豆乳600円

【 VOID A PARTを構成する3つの要素 】

Lab

VOID A PART全体が、滋賀の魅力溢れる人々が集い、新しい出会いやプロジェクトを生み出す場所(=Lab)。アトリエやカフェを訪ねたことがきっかけで、新たな出会いが生まれるかも。今後に向けて、様々なイベントを企画中

Cafe

カフェでは渡辺さんの作るヴィーガンランチやスイーツが味わえる。写真は地野菜たっぷりのおにぎりプレート1200円。玄米おにぎり中心のひと皿は、ヴィーガンとは思えない満足感と食べ応え！スイーツの美味しさにも思わず悶絶

Atelier

入り口右手が周防さんのワークスペース。アトリエ内も見学することができ、製作途中のハコミドリを眺めるのも面白い。ガラスの廃材や根っこのついた植物が、これからどんな形になるのか想像するだけでもワクワク！

ココでしか食べられないできたてグルメ

「美味しい」の笑顔が見られるのが幸せです

サラダサンド170円。シャキシャキのコールスローをサンド。当初の「サラダパン」の具材はこのサラダだったそう

焼鯖サンド250円。ジューシーな鯖の塩焼きとパンが絶妙な味わい。大葉とガリが鯖の臭みを消して風味をプラス

みたらし150円。ハムにみたらしのタレとマヨネーズ…甘いサンドかと思いきや、なんと照り焼き風味！

耳が薄くて中はふんわり。焼きたてのまるい食パン

テラス席などイートンスペースも充実。スープ140円などのドリンクと共にブレイクタイムを

MAP / P126_3

つるやパン まるい食パン専門店
つるやパン まるいしょくパンせんもんてん／長浜

できたてのサンドはココだけの味

　県内外で知られる[つるやパン]の姉妹店が2016年春、長浜に誕生。新店は、本店で人気No.1の「サンドウィッチ」に使われるまるい食パンの専門店。11時からのサンドメニューは焼鯖やタマゴなど全10種あり、トッピングをプラスしてカスタマイズすることも。注文を受けてからサンドされるので、まさにできたての味わい。朝7時から販売される約7種のベイクサンドと共に好評だが、一番人気は丸ごと1本まるい食パン340円なのだとか。焼きたてパンを目当てに販売開始の11時には列ができる日も。

☎0749・62・5926
長浜市朝日町15-31
7:00～17:00
水曜休
全席禁煙
完全個室無　P2台
http://www.tsuruyapan.jp/

14

SHIGA | 新名所

一本ずつ丁寧に心を込めて

職人が一層一層丹念に焼き上げる様子を見学できる、ガラス張りのバームクーヘン工房

大自然の中でお菓子を作る老舗店の新たな挑戦

MAP / P128_10

ラ コリーナ近江八幡
ラ コリーナおうみはちまん／近江八幡

カステラショップが7月に完成!

八幡山の麓に広がる3万5000坪の丘陵地に、巨大な"お菓子の村"を出現させた[たねやグループ]。自然との共生をテーマに建築家の藤森照信氏が手掛けた草屋根のメインショップでは、[クラブハリエ]の洋菓子や[たねや]の和菓子を県下随一の品揃えで販売している。2Fのカフェでは焼きたてのバームクーヘンに舌鼓が打てるとあって、連日大盛況だとか。また、2016年7月には[たねや]の代表銘菓であるカステラのショップがオープンし、職人がカステラを焼く工程を見ながら焼きたてを味わうこともできる。

☎0748・33・6666
近江八幡市北之庄町615-1
9:00〜18:00　カフェ〜17:00(LO)
無休
全席禁煙(喫煙スペース有)
完全個室無　P404台
http://taneya.jp/la_collina/

ココでしか食べられないできたてグルメ

メインショップに併設のカフェでしか味わえない、焼きたてバームクーヘンセット896円

熟練の職人が焼き上げる「カステラ」1本1188円、新商品の「八幡カステラ」1個432円

バームクーヘンを生地に練り込んだバームサブレがアクセントのバームソフト各420円

15

SHIGA TOPICS
4
今度の休日に

わざわざ行きたい
リザーブレストラン

頑張った自分へのご褒美や、記念日には美味しいごはんで乾杯。
ちょっとオシャレをして大切な人と一緒に過ごしたい。
四季の素材を使ったオーナーシェフ渾身の料理と
楽しい時間でパワーチャージ。

濃厚なチーズに
ワインがすすむ

タコと有機ほうれん草のソテー1296円。ジューシーなタコを、イタリア産そら豆のピューレと共にあっさりと味わえる

叩いて伸ばしたやわらかな仔牛肉をさっと揚げ焼きにした仔牛のカツレツ2916円。サクサクとした食感が堪らない

ミラノ風リゾット1512円は、北イタリアの定番リゾット。濃厚なチーズの中で長粒のイタリア米がプチプチと弾ける

MAP / P131_18
OSTERIA SOGNI D'ORO
オステリア ソニドーロ／大津京

**京都の人気イタリアンが滋賀へ
本場派の郷土料理が注目の的に**

イタリアンの名店として京都で15年間愛された[ソニドーロ]が滋賀に移転。新天地となる大津京でも本場仕込みの腕前で、余計なアレンジを加えない直球勝負のイタリア料理を披露してくれる。なかでもバターやチーズをたっぷり使った北イタリアの郷土料理を得意とし、仔牛のカツレツやミラノ風リゾットはイタリア人も賞賛するほど。ランチはパスタコース2160円ほか、手打ちのパスタが楽しめるおまかせコース3240円を用意している。おすすめのイタリア産ワインはグラス572円〜。

KID'S DATA
子ども要相談／子どもメニュー無／子どもイス無

☎077・572・6199
大津市皇子が丘3-3-23
11:30〜14:00(LO)
17:30〜21:00(LO)
火曜休、月1回不定連休有
全席禁煙
完全個室無　P有

創作に頼らない
本場の味を
提供する

オーナーシェフ 深尾将弘さん
イタリアの老舗レストランで腕を磨き、「現地にない料理は作らない」という信念を持つ

16

SHIGA | リザーブレストラン

ディナーコース6480円（要予約）より、ガスパチョに浮かべたやわらか夏野菜／蒸したり、揚げたり、ローストしたりとさまざまな調理法を施した6種類の野菜を楽しんで

ディナーコースより、和牛の塩パイ包み焼き／塩釜焼きで肉汁を閉じ込めた極上の和牛肉。仕上げに炭火で炙り、わさび風味のジューで

ランチコース2484円より、ビワマスとじゃがいものポーチドエッグ／ビワマスのマリネと蒸したじゃがいもを、パプリカ粉とオリーブオイルでガリシア風に

素材を信じて
手をかけすぎない

オーナーシェフ
小川英明さん
実家が精肉店を営み、食材に対する審美眼は確かなもの。京都や富山のホテルで腕を磨く

とろーり卵が
堪らない

MAP / P126_3

Ruisseau
リュイソー／長浜

食材のポテンシャルを引き出す名手

　趣向を凝らしたハイレベルなフレンチが、地元の食通を魅了するレストラン。[ホテルモントレ京都]をはじめ、一流の厨房で研鑽を積んだというオーナーシェフの小川さん。「ナチュラル＆シンプル」をモットーに独自の料理哲学を展開し、農薬・化学肥料不使用の草津の篤農家の地野菜や、実家の精肉店から仕入れる30ヶ月肥育の未経産和牛など、選び抜いた食材で珠玉の一皿を供してくれる。ディナー時には、仕上げに炭火の香りをまとわせるなど、さらに手の込んだスペシャリテが楽しめる。

KID'S DATA
子ども可／子どもメニュー有（要予約）／子どもイス無

☎0749・50・7899
長浜市八幡東町626-4 2F
11:30～15:00(LO／13:30)
18:00～22:00(LO／20:00)
月曜休　全席禁煙
完全個室無　P有
http://ruisseau.jp/

MAP / P124_1

パラディゾ
パラディゾ／朽木

朽木の自然で紡ぐ絶品イタリアン

　猟師から一頭買いするイノシシや鹿、畑で採れたばかりの野菜…そんな朽木の食材と自然に惚れ込んで、イタリアンのシェフが構えた店。時にはシェフ自らが鯖街道を日本海にぬけ若狭や丹後方面の海に出向いて天然魚を釣り上げる。山や里、湖、海の恵みの食材との出合いから繰り出される料理は、まさにココでしか味わえないもの。夏場は朽木の完熟トマトのガスパチョなどがおすすめ。

☎0740・38・2053
高島市朽木栃生318-1
11:30〜20:00（最終入店）
土・日曜、祝日11:30〜20:00
（最終入店）※売り切れ次第閉店
月曜休（祝日の場合翌日）
※月に1度火曜休、予約がベター
禁煙席有（テラス席のみ喫煙可）
完全個室無　P10台

KID'S DATA
子ども可／子どもメニュー無／
子どもイス有

MAP / P130_17

osteria cielo alto
オステリア チエロ アルト／唐橋

滋賀が育んだ"地の恵"を活かした一皿

　唐橋に程近い瀬田川沿いに佇むイタリアン。店をオープンする前には2ヶ月間イタリアに出向き、地元の新鮮食材を使った料理を舌と足で学んだ金澤シェフ。滋賀がイタリアの一つの州だったら…をコンセプトに、地元野菜や瀬田川のしじみ、川エビ、日野町の鹿肉など滋賀の自然が育んだ素材を使い腕を振るう。キタッラやタリアテッレなど自家製の手打ちパスタも用意される。ランチは1080円〜、ディナーはアラカルトが中心。

☎077・534・5588
大津市唐橋町7-41
11:30〜14:00（LO）
17:30〜21:00（LO）
不定休　全席禁煙
完全個室無　P3台
http://www.osteria-cielo-alto.com/

KID'S DATA
子ども可／子どもメニュー無／
子どもイス無

ピッツァ（自家製ベーコン・オニオン・トマト・ピーマン）M2160円。パリッパリで香ばしい極限の薄焼き生地。このピッツァ目当てに遠方から足を運ぶ人も多い

本日の前菜盛り合わせ810円（写真は2人前）。自家製リコッタチーズとトマト、新ジャガのトルティーノ、エンドウ豆のスフォルマートなど10種以上が盛られる

パスタランチコース　1620円〜（数量限定）。前菜盛り合わせ、3種より選べるパスタ、ドリンクがセット。+350円でドルチェ付きに

くらおポーク骨付きスネ肉（丸1本）2592円。滋賀県名産のくらおポークをじっくり蒸し煮した豪華な一皿。ほろほろやわらかくコラーゲンがたっぷり

> 遠方からのゲストがほっとできる場所で、自身が自然体であること

オーナーシェフ
宮川武夫さん

京都のレストランや北海道のホテルで修業し、地元京都に程近い旧朽木村の自然の魅力に惹かれ、1997年開業

> 本場オステリアと同様に、身近で手に入る食材をシンプルに調理

オーナーシェフ
金澤匠記さん

大学卒業後、京都の有名イタリアンレストラン2店舗で約9年間修業後、2011年に地元滋賀県で開業

SHIGA | リザーブレストラン

MAP / P125_2
イタリア料理 IL COPPIA
イタリアりょうり イル コッピア／近江八幡

ランチの前菜が豪華すぎると話題に

シェフが毎朝足を運んで吟味した、旬の地野菜がゴロゴロ入った気取らないイタリアン。女性客から絶大な支持を集めるランチでは、日替わりで9種類以上の惣菜を盛り合わせた前菜プレートが登場。またディナーでは、シェフお得意の手打ちパスタがあれこれと楽しめる。白壁の瀟洒な一軒家が迎えてくれる店内では、小さな子ども連れでも利用しやすいようソファ席を完備。そんな心遣いも嬉しい。

☎0748・36・1555
近江八幡市江頭町428-2
11:30～14:30(LO)
18:00～21:00(LO)
日曜休、他不定休有
全席禁煙　完全個室無
P11台

KID'S DATA
子ども可／子どもメニュー有／子どもイス有

MAP / P131_19
IL COLORE
イル コローレ／堅田

若手シェフによる渾身の一皿

メニューはすべてコース仕立てなものの、ランチ1500円～、ディナー2000円～と、自分にご褒美しやすいプチプライス。それでいて、前菜からドルチェ＆食後のドリンクまでしっかりセットに。滋賀県産をはじめ、こだわりの国産食材を使った料理は「旬を味わってほしいから」と毎月変更。素材の持ち味を引き出した味と美しい盛り付けで、訪れた人々を魅了している。人気店なのでぜひご予約を。

☎077・572・1267
大津市今堅田2丁目26-1
ジュネス堅田テナントE号室
11:00～15:00(LO／14:00)
18:00～22:00(LO／20:30)
水曜休　全席禁煙
完全個室無　P5台
http://sp.raqmo.com/ilcolore/

KID'S DATA
子ども可／子どもメニュー無／子どもイス無

ランチコースで登場する豪華な前菜プレートが評判。ランチは1600円～で、予約がマスト。ディナーではアラカルトとして、ぜひワインのお供に

本マグロと根菜のタルターレ 冬トマトのクーリ添え。すべてのコースにつく前菜の一例。旬の食材をふんだんに使っている。内容は月替わり

大地の恵みを活かした基本に忠実なイタリアン

オーナーシェフ
木田昌孝さん

京都や神戸の人気店で活躍し、生まれ故郷の近江八幡に帰ってきたというオーナーシェフ

夜のアラカルトより、海の幸のラグーソース バジルを練り込んだ自家製生パスタ1500円

昼2500円、夜4000円のコースのメインディッシュ近江牛の炭火焼き。香ばしく焼かれた肉を炭塩で

味はもちろん、見た目にも喜んでもらえるように心掛ける

オーナーシェフ
中塚啓文さん

大阪や滋賀のイタリアレストランで約14年の修業を経て、2014年地元の滋賀県で[IL COLORE]をオープン

SHIGA TOPICS
5

湖畔沿い

\ ロケーション /
のいい店

ゆらゆら揺れる湖面を眺めながら過ごす滋賀時間。
その魅力は、湖によって異なり楽しみ方はいろいろ。
琵琶湖、西の湖、余呉湖の
湖畔のグルメスポットで、ぜひ体感してみて。

SHIGA | ロケーションのいい店

ランチのチーロコース2600円より。パスタorピッツァorリゾットから選べる。写真はモッツァレラとトマトソースのタリアテッレ

[レイクスファーム]の季節の野菜をゲストの目の前で和えてくれる

アツアツの窯焼き料理！

豊穣な近江の恵みをふんだんに

ランチより滋賀県産の野菜をたっぷり使用した前菜。本日はカジキマグロのコロッケ、地卵のフリッタータほか

MAP / P131_19
セトレ マリーナ びわ湖
セトレ マリーナ びわこ／守山

母なる湖に抱かれた至福の別天地

　琵琶湖大橋のたもとにそびえる、ウォーターフロントのリゾートホテル。"自然との共生"をテーマに、建築家の芦澤竜一氏が手掛けた空間は、家具や床材に滋賀県産の木材を採用し、大津壁とよばれる地元の伝統技法を踏襲するなど、自然と共に発展した地域への敬意に溢れている。その館内にあるレストランでも、滋賀県産の食材をふんだんに使用した一皿を供してくれる。近隣の農家から直送される野菜をはじめ、地元漁師から仕入れるモロコや小鮎などの湖魚、朽木や東近江で獲れた野生の鹿やイノシシなど、シェフが自ら生産者の元に足を運んで吟味した近江の恵みが堪能できる。調理法はイタリアンをベースとして、フレンチや和のエッセンスを意欲的に取り入れた独創的なスタイル。ランチコースは平日1700円〜、ディナーコースは6000円〜。

KID'S DATA
子ども可／子どもメニュー有／子どもイス有

☎077・585・1125
守山市水保町1380-1 ヤンマーマリーナ内
11:30〜14:00（LO）
17:30〜22:00（LO／20:00）
火曜休　全席禁煙
完全個室無　P97台
http://hotelsetre-biwako.com/

1.独自にブレンドした近江牛はとろけるやわらかさでゲストを魅了。デミグラスの他にトマトソースもある。近江牛の特製ハンバーグ1944円　2.特製ドレッシングを注ぐくるくる巻いて食すピッツァ。紫キャベツをはじめ多彩な具材はまるでお花畑のよう。生ハムと野菜のピッツァ1296円

MAP / P128_10

petit CANAL
ブティ キャナル／近江八幡

西の湖間近の特等席で優雅なランチを

テラスの向こう一面に広がる西の湖。美しい湖岸は何時間眺めても飽きず、リフレッシュにぴったり。見事な眺望と共に味わえるのはベテランシェフが地元食材を使い、5時間以上掛けて煮込むトマトソースや、早朝より仕込み焼き上げる自家製パンなど手間ひま惜しまず愛情を注ぐ料理の数々。さらにランチにはフレッシュ野菜10種以上のサラダビュッフェとフリードリンクが付き、ゆったり食事が楽しめる。手づくりスイーツもぜひ！

☎0748・46・3066
近江八幡市安土町下豊浦5405-26
11:30～18:00(ランチLO／14:00)
18:00～21:00※夜は要予約
月・第1火曜休(祝日の場合は翌日)
全席禁煙(テラス席のみ喫煙可)
完全個室無　P12台
https://page.line.me/petitcanal

KID'S DATA
子ども可／子どもメニュー無／子どもイス有

宿泊は1泊2食付きで2万3760円～。熟鮓をアレンジした鯖鮓のカチョカ＆トマトピューレがけ

MAP / P127_5

徳山鮓
とくやまずし／余呉

名人が作る独創的な熟鮓料理を

熟鮓(なれずし)作りの名人として有名な料理人の徳山さんが、自らの故郷・余呉湖畔で営む料理旅館。清らかな水を使い、寒暖の差が激しい気候の中で約一年間かけて作られる熟鮓目当てに、全国から多くの美食家が訪れる。すっきりした酸味と上品な甘味がバランスのとれた熟鮓は、天ぷらにしたりソースをかけたりと、独創的にアレンジされる。食事だけの利用もOKで、昼は8640円～、夜は1万2960円～。

☎0749・86・4045
長浜市余呉町川並1408
12:00～14:30,18:00～21:00
不定休　要予約
全席禁煙(喫煙スペース有)
完全個室無　P5台
http://www.zb.ztv.ne.jp/tokuyamazushi/

KID'S DATA
子ども不可／子どもメニュー無／子どもイス無

SHIGA | ロケーションのいい店

琵琶湖の眺望が広がる窓際にはカップルシートも。ドライブデートの途中に立ち寄りたい

MAP / P124_1
Organic cafe HULL
オーガニック カフェ ハル／高島

水鳥と共に過ごす湖岸のひととき

　琵琶湖の水鳥を観察できる[高島市新旭水鳥観察センター]のカフェ。店内からは琵琶湖の水面を一望でき、夏はオオバン、冬はコハクチョウなど季節を告げる渡り鳥を目にすることも。メニューは無農薬栽培のコーヒーや、有機栽培野菜を中心にしたビュッフェランチ1500円など、オーガニックなものばかり。古代米入りごはんやベジタブルカレーが楽しめるビュッフェは人気なので、予約がベター。

☎0740・25・5803
高島市新旭町饗庭1600-1
高島市新旭水鳥観察センター内
10:00～17:00(LO／16:30)
ランチ12:00～14:00　火曜休
(祝日の場合は営業)、他不定休有
全席禁煙　完全個室無　P25台
http://www.hullkitchen.com/

KID'S DATA
子ども可／子どもメニュー無／
子どもイス無(ベビーカー可)

MAP / P131_19
R cafe at Marina
アール カフェ アット マリーナ／堅田

湖岸のマリーナでアロハな時を

　「リフレッシュ・リラックス・リゾート」の3つのRをコンセプトに、ハワイ好きのオーナーがオープン。壁一面の大きな窓から琵琶湖が見渡せ、リゾート感たっぷり。こちらで味わえるのは、有名ホテルで料理長を務めたシェフが織りなすフレンチテイストのハワイ料理。お馴染みのロコモコもフレンチテイストに盛り付けられ、運ばれてきただけで幸せな気分に。ランチセットも人気。

☎077・571・6017
大津市今堅田1-2-20
レークウエストヨットクラブ2F
11:00～21:00(LO／20:00)
火曜休　全席禁煙(喫煙スペース有)
完全個室無　P20台
http://rcafe-marina.com/

KID'S DATA
子ども可／子どもメニュー有／子どもイス有

近江牛100%のロコモコ2106円。近江牛の旨みをしっかり味わいながらハワイを感じられる一品

23

SHIGA TOPICS 6
滋賀の誇る

どこまでも買いに行きたい
パン

時には住宅街の中に、またある時には山奥に。滋賀の名作パンは、どこに隠れているかわからない。毎日行ける距離じゃなくても、週末だけの営業でも、きっとまた食べたくなる滋賀の誇るべき実力パンベスト8。

（手前より時計回り）カレーパン160円、焼野菜のフォカッチャ200円、あんパン130円、苺大福ジャムホイップ150円。子どもでも買える良心的な価格設定

菓子パンも食事パンも充実

心地よいテラスで焼きたてをパクリ

MAP / P129_14

bakery Anne
ベーカリー アン／栗東

母娘三世代が作るパンを青空の下で頬張る幸せ

長女でパン職人の川邉さんを筆頭に、女性ばかりの母娘三世代で営むベーカリー。自家菜園の野菜をフィリングに取り入れたり、レーズンやクルミを使った多彩な食パンを揃えるなど、女性の視点で考案される手作りのパンが評判で、オープン直後から客足が絶えない。「様々な人が集まるコミュニケーションの場にしたい」と、広々としたガーデンをイートインスペースとして開放し、青空の下、誰もが焼きたてのパンを頬張れる至福の時間が満喫できる。お目当てのパンは午前中に確保しよう。

☎077・558・7737
栗東市川辺423-8
9:00～17:00
火・水曜休※その他臨時休業有
イートイン可　全席禁煙
完全個室無　P有
Facebook／ベーカリー・アンで検索

KID'S DATA
子ども可／子どもメニュー無／子どもイス無

SHIGA | パン

MAP / P129_13
Boulangerie Coffret
ブーランジェリー コフレ／野洲

手間を惜しまず生み出す独自の味

有名各店で製パン技術を習得した店主の冨原さんは、三上山の真正面という立地に一目惚れし開店を決意。湯だね製法で作るもっちりとした甘みのある食パンや、小麦の配合と長時間発酵にこだわるフランスパン、アレルギーに対応したパンなど、一つひとつに手間と時間を掛けている。それに相反して良心的な価格も、ファンが増え続ける理由のひとつだ。

カレーパン227円／牛肉と野菜がたっぷり入った自家製カレーは辛さ控えめ

宇治茶のキューブパン184円／生地に抹茶を練り込み、中にも濃厚な抹茶のカスタードがたっぷり

ショコラカンパーニュ324円／ブルーベリーやクランベリー、レモン、クルミ、チョコが一度に味わえる贅沢なパン

☎077・584・4038
野洲市三宅2356 Petit PLACE　9:00〜19:00
土・日曜、祝日8:00〜19:00
水曜、第2・4木曜休（祝日の場合は営業）
イートイン可　全席禁煙
完全個室無　P37台（共用）
http://www.coffret-pain.jp/

クランベリーとホワイトチョコのフランス200円／クルミとクランベリーをフランスパン生地に練り込んで、中にクリームチーズをサンド

自家製ベーコンとアンチョビポテト200円／ゴロッと大ぶりにカットした自家製ベーコンにポテト、玉ねぎソテーがギッシリ。ワインのお供にピッタリ

MAP / P131_18
よりみちぱん
よりみちぱん／膳所

家族の毎日に寄り添うパンたち

関西や北陸の有名店で修業を積んだ前野シェフが、奥さんの地元である大津で独立オープン。季節を感じられるパンを追求する一方で、常連客の要望にも柔軟に対応するので、パンの種類は日々増えていく。メニューはハード系とソフト系がバランス良く揃い、世代を問わず親しめるのも嬉しい限り。気取らない雰囲気で地元の人に愛される、地域密着型のパン屋さんだ。

枝豆とチーズのガレット160円／生地に芳醇なレッドチェダーチーズ、上にはとろけるチーズをトッピング

☎077・572・6029
大津市馬場1-11-34
7:00〜売り切れ次第終了
不定休　イートイン不可　P1台
Facebook／よりみちぱんで検索

くるみ＆ぶどうの天然酵母パン281円／カリフォルニア産のくるみとレーズンをぎっしりと生地に練り込んだ天然酵母パン

MAP / P129_15
OJIOGGI
オジオッジ／守山

意外な経歴が生んだこだわりの味

20年以上のサラリーマン生活を経てパン屋に転身した店主。「細かい手仕事が得意なので（笑）」と、趣味が高じて小さなベーカリーをオープンさせた。しっとり柔肌のパン生地には、北海道産の小麦粉を100％使用。ホシノ酵母で焼き上げる天然酵母パンにもチャレンジしており、噛みしめるほど小麦の味が生地から染み出してくる。2016年秋にはカフェスペースもオープン予定。

クリームパン151円／天然のバニラビーンズを使用し、自家炊きにしたカスタードが薄めの生地からこぼれ落ちそう！

牛すじ焼きカレーパン205円／黒毛和牛の肉塊をゴロゴロと閉じ込めたお店の一押しメニュー

☎077・574・8810
守山市古高町239-3
ブランブルーノ1F
10:00〜18:00
※売り切れ次第終了
日・月曜休
イートイン不可　P5台

1.滋賀県産の無農薬栽培小麦粉を自ら石臼挽きにした全粒粉と、北海道産・岩手県産小麦をブレンドしたカンパーニュ650円 2.「砂糖を一切使用せず、石窯でセミドライにした長野県産の有機りんごを練り込んだアップル580円 3.「無農薬栽培の信楽産のほうじ茶を使用した、ほうじ茶小豆530円。きび砂糖や本みりんで炊き上げた小豆は甘さ控えめ

「彼女や周囲の人々がいなければここまでできなかった」と語る堀内さんとパートナーの辻さん。辻さんは陶芸作家で、店内では自身の作品も販売する

東近江の山奥で新たなスタート

MAP / P127_8
ワイルドキッチン石窯パン工房
ワイルドキッチンいしがまパンこうぼう／永源寺

ずっしり重いパンの味を噛み締めて

　信楽で惜しまれつつも閉店し、9年の歳月を経て復活した幻のパン工房。店主の堀内さんは、閉店後「次の場所を早く見つけるより、これからどう生きていくかを考えたかった」と一時休業するが、その頃出会った辻さんと自身の地元の中間あたりで、工房を再開することを決意した。ものづくりに対して「これでいいか」という考え方はしたくないという堀内さん。店は自分たちで6年半掛けて作り上げ、石窯も以前のものをまた一から組み上げたという。長い旅を経て生まれたパンは、また一段と重みを増した。

☎0748・56・1292
東近江市池之脇町忠連谷473-2
10:00〜17:00
金〜日曜、祝日のみ営業
P有
イートイン不可
http://wildbakery.exblog.jp/

26

SHIGA｜パン

Mont pain
モン パン／水口

日本ならではの麦糀酵母にこだわる

パン専用に栽培された国産小麦と日本固有の糀を使った麦糀酵母でパンを焼く道を選んだ西上さん。「日本人として日本のパンを作りたい」と思ったのがきっかけだそう。看板名物のカンパーニュは、熟成と発酵になんと60時間も要すというから驚き。粘り強い発酵と、食材本来の味わいを活かすため、すべてのパンに卵は使用せずに、きめ細かな口当たりに仕上げている。

MAP / P128_9

☎090・6236・9801
甲賀市水口町新町1-3-4
10:00〜18:00
日・月曜休、他不定休有
イートイン不可
P3台
Facebook／Mont painで検索

ひまわりの種のパン650円／7種の木の実と5種のドライフルーツが詰まったオリジナルパン。まわりにはひまわりの種がぎっしり！

ココナッツパン380円／ココナッツオイル、ココナッツミルク、ココナッツシュガーなど、ココナッツづくしの人気パン

雑穀パンハーフ410円／ひえ、あわ、きび、ハトムギ、玄米などたっぷり10穀入りの丹精こもったパン

〝酵母の味を噛み締めて下さい〟

山形食パン1斤350円／砂糖は使用せず、小麦、塩、酵母だけで焼成したシンプルな食パン

〝麦糀がいい味出してます〟

酵母は一から手作りし、原材料を吟味したうえで、"美味しい"と思えるパンだけを販売する西上さん。地域に愛される店作りを目指す

自家製麦糀酵母のカンパーニュ（チーズ）700円／熟成と発酵に長時間かけ、素材の味を最大限に引き出した自慢の逸品

忍者あんぱん180円／甲賀市のブランド米「黒影米」を炊きあげて生地に練り込んだユニークなあんぱん

自然派パン工房 ふるさとの道
しぜんはパンこうぼう ふるさとのみち／五個荘

素朴で飽きの来ない天然酵母パン

五個荘の田園風景に囲まれた工房で、オーナーの工藤さんは、退職を機に自然志向のパン作りの道を歩み出した。その時、天然酵母を使用することを提案したのが奥さんの礼子さんだ。開店から10年経っても、一夜明けて大きく膨らむパン生地を見ると、酵母の不思議さに胸がときめくそう。夫妻の人柄と天然酵母のパンに惹かれて、週3日の営業日を心待ちにしているファンも多い。

MAP / P125_2

いつも二人三脚でお客を迎える工藤夫妻。毎日のパンと日替わりの食事系、レーズン系、こだわり野菜系など、7〜8種類のパンを揃える

☎0748・48・5384
東近江市五個荘七里町325-5
11:30〜18:00
※売り切れ次第終了
木〜土曜のみ営業
イートイン不可　P無

東京から移住し、パン工房を構えた駒崎さん。テクニックよりも、きれいな水や空気、天然酵母など、自然の恵みを活かすことに重きを置く

山中屋製パン
やまなかやせいパン／朽木

自然が生み出す3つの酵母が主役

高島市朽木の山中に工房を構える、天然酵母パンの店。レーズン、黒米、ライ麦を使い分け、10時間以上かけて酵母を作り、国産小麦粉や里山の水などを混ぜてこねたあと、発酵と焼き上げにさらに約11時間。骨の折れる作業だが、山のエネルギーが凝縮されたパンたちは、口の中で旨みが広がり忘れがたい味に。その土地の良さを丸ごと噛み締めて。

MAP / P123_0

くるみレーズン800円／くるみと2種類のレーズンを生地に混ぜ込んで焼き上げ、どっしりと重い仕上がりに。フルーティーな香りと独特の酸味が特徴

〝この地でなければできないパンです〟

☎090・8821・6055
高島市朽木小入谷302-3
毎週金曜パンの焼き上がり時のみ工房で販売
発送可（送料別）　土〜木曜休
イートイン不可　P有
【その他の販売所】
●道の駅くつき新本陣
9:00〜17:00　火曜休
●上賀茂手づくり市
毎月第4日曜9:00〜16:00

SHIGA TOPICS 7 元気の源

無性に食べたくなる
近江牛

日本三大和牛の一つとして称される「近江牛」。
地元滋賀だから食べられる
リーズナブルな牛丼から高級ステーキまで、
パワーチャージしたいときにぜひ覚えておきたい。

MAP / P131_19

農家レストランだいきち
のうかレストランだいきち／堅田

自社牧場で育てた近江牛を贅沢空間で

店内はゆったり設えられたカウンター8席のみで、控えめな照明とジャズが流れるシックな雰囲気。目の前では、100年続く自社牧場で肥育した近江牛が鉄板の上でジュージューと踊り、食欲を刺激する。肉盛り前菜から始まるコースには地元野菜がふんだんに盛り込まれ、ごはん・デザートは3種からお好みを。4名以上なら貸し切り可能。シェフの手捌きが楽しめる臨場感たっぷりのこちら、ぜひ大切な日に訪れたい。

☎077・572・1129
大津市今堅田2-25-11
11:00〜14:00(LO／13:30)
※ランチは土・日曜、祝日のみ
17:00〜22:00(LO／21:30)
水曜休　全席禁煙（喫煙スペース有）
完全個室有　P10台
http://omibeef.com/

KID'S DATA
子ども可／子どもメニュー要相談／子どもイス有

近江牛ヒレステーキコース（120g）1万3500円〜。脂が少なくきめ細かな肉が魅力のステーキ。肉の美味しさと風味が直に伝わる葉わさび、泡醤油、岩塩で

近江牛の旨みと肉脂の甘み
口中でジュワッと弾ける

1F精肉店には牛しぐれ煮496円やモンドセレクション金賞受賞のローストビーフ、ハンバーグなどテイクアウトも充実

伝統の近江牛の美味を
現代風に
アレンジした逸品

170gもあってボリューム満点の近江牛ハンバーグ1069円（夜）。昼はごはん、サラダ、スープ付きで1000円とお得

MAP / P131_18

ニクバル モダンミール
ニクバル モダンミール／浜大津

精肉店直営！上質肉を格安で

精肉店[やまむらや]の直営レストランとあり、上質の近江牛＆黒毛和牛を使った肉料理が安くて美味しい。粗挽き牛100％の近江牛ハンバーグをはじめ、近江牛赤身ステーキや花咲ステーキなども1000円台。歴史ある公会堂をリノベートした空間も居心地がいい。

☎077・522・1630
大津市浜大津1-4-1
旧大津公会堂1F
11:00〜14:00(LO／13:30)
17:00〜23:00(LO／22:30)
火曜休（祝日の場合は営業）
全席禁煙　完全個室無　P8台
http://www.kyu-otsukoukaidou.jp/modernmeal/

KID'S DATA
子ども可／子どもメニュー無／子どもイス無

MAP / P125_2

魚松 信楽店
うおまつ しがらきてん／信楽

松茸＆近江牛が食べ放題

高級食材の代表格・松茸と近江牛が食べ放題で豪快に味わえる、名物「あばれ食い」で知られる。近江牛と松茸にこだわり続けて80余年の歴史を誇り、近江牛のきめの細かい肉質も松茸の味や香りも申し分のない逸品。近江牛すき焼き食べ放題90分5940円〜。

味よし、香りよし、歯応えよし、の松茸と霜降り近江牛が食べ放題のすき焼きコース7560円。制限時間90分（要予約）

☎0748・83・1525
甲賀市信楽町牧1795
11:00〜21:00(LO／19:00)
無休　禁煙席有
完全個室無　P30台
http://www.uomatsu.co.jp/

KID'S DATA
子ども可／子どもメニュー無／子どもイス無

SHIGA｜近江牛

近江牛のプロが選んだ
最高級の肉質に感動

MAP / P127_8

近江牛創作料理専門店
万葉 太郎坊亭
おうみぎゅうそうさくりょうりせんもんてん まんよう たろうぼうてい／八日市

個室でゆるりと霜降りの肉三昧

　近江牛の大卸問屋[さのや総本店]グループが展開する肉料理専門店。"勝運の神様"として知られる太郎坊宮のお膝元にあり、四季折々に美しい日本庭園を有する伝統建築をリノベーション。全室個室の寛ぎの空間で、すき焼きやしゃぶしゃぶ、ステーキに鉄板焼など、ありとあらゆる肉料理に舌鼓が打てる。ランチタイムは最上級の近江牛を使用した御膳が2000円〜とリーズナブルで、土日は予約でほぼ席が埋まるそう。夜のコースは5000円〜。

☎0748・22・0329
東近江市小脇町654-1
11:30〜15:00(LO／14:00)
17:00〜22:00(LO／20:30)
水曜休（祝日の場合は営業）
禁煙席無　完全個室有　P有
http://www.b-manyo.jp/

焼きしゃぶとステーキに、牛のタタキやテールスープの茶碗蒸しなどが付く人気のランチ。万葉太郎坊御膳3000円

KID'S DATA
子ども可／子どもメニュー有／子どもイス無

厚さ1.5cmのサーロインステーキを贅沢にサンドしたステーキサンド2700円。和風のデミグラスソースが味の決め手

高く盛り付けられた
近江牛の焼き肉に感動

MAP / P128_10

かね安
かねやす／近江八幡

精肉店ならではのコスパ良好店

　近江鉄道近江八幡駅から徒歩5分の精肉店が営む食堂。昭和24年の創業以来、近江牛の雌牛だけを扱い、肉質のやわらかさや脂の甘さが格別という。A4ランク以上の黒毛和牛を一頭買いし店頭で解体。だからこそ新鮮でリーズナブルに提供できるという。安くて旨いを実現した店。

焼き肉丼ランチ1300円。醤油ベースの甘辛ダレで味付け。近江牛とタマネギ入りの焼き肉がどっさりなのが嬉しい

☎0748・33・2628
近江八幡市鷹飼町747-1
10:00〜22:00(LO／21:30)
水曜休（祝日の場合は営業）
禁煙席無
完全個室無　P5台
http://oumikaneyasu.com/

KID'S DATA
子ども可／子どもメニュー無／子どもイス無(座敷有)

MAP / P131_19

道の駅 妹子の郷
みちのえき いもこのさと／小野

A4ランク以上の近江牛をお手軽に

　湖西の地野菜や手作りの団子、スイーツなどを販売する道の駅。近江牛を堪能したい時は、併設されているレストランへ。A4ランク以上の近江牛を一頭買いで仕入れ、極上の味をリーズナブルに提供している。陶板焼きやステーキ膳のほか、近江牛を使った丼や麺類も格別。

近江牛本日おまかせ膳2850円。その日の一番の部位3種150gを陶板焼きで。湖魚など3品や比良棚田ごはんなどがセット

☎077・594・8135(レストラン直通)　大津市和邇中528
直売所9:00〜17:00
レストラン10:00〜19:00(LO／18:00)　無休　全席禁煙
完全個室無　P87台
http://imokonosato.com/

KID'S DATA
子ども可／子どもメニュー有／子どもイス有

MAP / P124_1

佐々木文具店
ささきぶんぐてん／米原

店主の温もりが伝わる文具の店

「子どものころから手紙を書くのが好きだった」と語る店主の佐々木さんがオープンしたレトロな雰囲気のお店。手摺りのびわ湖ハガキ3枚入り290円や、一筆箋、マスキングテープなど思わず手紙を書きたくなる可愛い文具が並ぶ。店内には小さな喫茶スペースも併設。

☎080・1506・1580
米原市春照469
11:00～16:00(夏期～17:00)
日・月曜のみ営業
P2台
http://sasakibungu10.wix.com/sasabun

MAP / P126_4

chanto
シャント／彦根

海外でも話題のポップな色漆塗り

彦根仏壇の老舗[井上仏壇]とデザイナーがコラボして生まれた新ブランド。10色の色漆を用いたピンクやイエロー、ターコイズブルーのポップなカフェグッズが揃う。モダンなプロダクトデザインと伝統工芸の確かな技術が組み合わさり、今や海外でも話題に。

☎0749・22・1587
彦根市芹中町50
井上仏壇内
10:00～18:00
日曜10:00～17:00
火曜休　P15台
http://www.chanto.org/

びわ湖スタンプ
630円

佐々木さんお手製のハンコ。名刺や手紙の隅に押して、滋賀県愛をさりげなく表現しよう

SHIGA TOPICS 8
県民なら押さえておきたい
滋賀の新名物

老舗が手掛ける古き良きモノを今どきにアレンジする雑貨や、名物の日本酒に新たなエッセンスを加えるスイーツなど。すでにブレイク中のモノからこれから注目のモノまでを紹介

マルチボウル
各1万6200円

両手で持つと指が器のくぼみにフィットする上、断熱性も高いマルチボウル

つやこフロマージュ
110g800円

賞味期限は1ヶ月。フレッシュな酸味からクリーミーな状態まで好みの味を見つけて

MAP / P128_9

古株牧場
こかぶぼくじょう／竜王

家でも深まる熟成が人気のチーズ

循環型農業に取り組む古株牧場が新鮮なミルクで作るナチュラルチーズは、看板商品のつやこフロマージュをはじめ全8種。つやこフロマージュは購入後も熟成が進むため、冷蔵庫から取り出すたび深くなる風味がチーズ好きを虜に。季節限定で、ヤギのチーズも販売する。

☎0748・58・2040
蒲生郡竜王町小口不動前1183-1
10:30～18:00
水曜休
P30台
http://www.kokabu.co.jp/

シフォンケーキ
プレーン
(18cmホール)
1200円

「包丁で切るとつぶれるから手でちぎって食べて」と店主の高山さんが言うほどふわふわ

MAP / P124_1

シフォンケーキ yon
シフォンケーキ ヨン／米原

売り切れ必至の極上シフォンケーキ

ガレージ喫茶に併設されるシフォンケーキ専門店。厳選した素材を使い、メレンゲだけで膨らませる生地はきめが細かくふわっふわ＆しっとり。プレーンやアールグレイなど35種の中から日替わりで、約8種類が店頭に並ぶものの開店から約1時間で売り切れる日もあるそう。予約がベター。

☎090・1906・0444
米原市高溝636-3
10:00～売り切れ次第閉店
火曜休　イートイン可
P5台
Facebook／
シフォンケーキ yonで検索

湖のくに
生チーズケーキ
お猪口入り
(酒粕ビスコッティ付き)
6蔵セット3910円

七本鎗、萩乃露、浪乃音、美冨久、松の司、喜楽長の酒粕を使用。上品な陶器のお猪口は手土産にもグッド

MAP / P127_8

工房しゅしゅ
こうぼうしゅしゅ／東近江

6蔵の酒粕スイーツを食べ比べ

地産地消をコンセプトにした菓子工房。看板スイーツ「湖のくに生チーズケーキ」は県内6つの酒蔵の酒粕を使った生チーズケーキ(1個540円)で、蔵ごとに味が異なるユニークなもの。発酵が進むにつれて味が変化し、酒粕とクリームチーズのハーモニーが味わえる。

☎0748・20・3993
東近江市上羽田町786-1
10:00～19:00
月・木曜休(祝日の場合は営業)
イートイン不可
P8台
http://chou-chou11.com/

SHIGA | おいしい道の駅

MAP / P127_5
鴨そば
かもそば／長浜

川海老＆鴨ロース鎮座の名物そば

西浅井では真鴨の飼育が有名で道の駅[あぢかまの里]では看板キャラクターになっているほど。こちらで人気を集めているのが一年中味わえる鴨そば。上質な脂の鴨ロースと川海老のかき揚げがシンプルな蕎麦とマッチした唯一無二の味わいだ。薄衣でさっくり揚げた川海老のかき揚げは持ち帰り可能。

KID'S DATA
子ども可／子どもメニュー無／子どもイス有

☎0749・88・0848
（あぢかまの里）
長浜市西浅井町塩津浜1765
道の駅塩津海道 あぢかまの里内
9:00〜17:00
※12月〜2月は〜16:00、土・日曜、祝日は〜17:00
火曜休（鴨そばは火・水曜休）
P76台
http://www.koti.jp/

カラッと揚げられた琵琶湖産川海老のかき揚げにおダシが染み込み味わい深さ増す一杯に。鴨そば600円

いらっしゃいませ〜！

おいしい道の駅
わざわざ立ち寄る

今やグルメ偏差値が急上昇中の道の駅。
ドライブ途中の寄り道スポットではなく、今ではそこを目指して行く人も多いそう。
そんな道の駅の美味しい事情をリサーチ。

バケツ卵1100円。自然の中で薬草入りの餌と天然水で元気に育った鶏の今朝の生みたて卵をバケツで直売

手間を惜しまず手作りした加工品。生でも食べられる自慢の逸品。左から、伊吹産の山椒の辛みをピリッと利かせた花山椒ソーセージ746円、伊吹ハムベーコン997円、山椒ソーセージ864円

サラダ以外にもタレ代わりに使い勝手が良い、伊吹大根の辛みを活かしたノンオイルタイプ。伊吹大根おろしドレッシング495円

MAP / P124_1
旬彩の森
しゅんさいのもり／米原

伊吹山観光の拠点にしたいスポット

長浜ICから車で20分。観光案内所や食堂にイベント会場もある道の駅は、地元の新鮮野菜や山菜の直売所が賑わいをみせる。特に秋から春にかけて旬の伊吹大根は幻といわれるほど希少で人気。館内工房で手づくりするパンやスイーツもあり、なかでも、羽二重餅粉によるもっちり生地を使う季節のロールケーキが売れ筋で、11月頃からは旬彩ロール（伊吹大根）も登場。

☎0749・58・0390
米原市伊吹1732-1
9:15〜17:00
無休（1〜3月は木曜休、祝日の場合は水曜休）
P32台
http://www.shunsainomori.com/

近江牛ピザ1300円。力強い肉の旨みにチーズがとろ〜り。白ネギがアクセントの逸品は3日間寝かせた生地も美味しい

MAP / P125_2
ピッツェリア ウノ
ピッツェリア ウノ／甲良町

近江牛とナポリピッツァがコラボ

甲良町の道の駅[せせらぎの里こうら]には、話題のピッツァ店がある。日本橋で愛されてきたピッツァの名店で腕を磨いたシェフにより、テイクアウト専門店をオープンしたのが2015年の秋。地元食材とコラボする本格ナポリピッツァは、石窯を使い丁寧に焼くから、道の駅直売所内飲食スペースなどでアツアツを食べて帰ろう。

ベンチに座って召し上がれ！

☎0749・29・0714
犬上郡甲良町金屋1549-4
11:00〜18:00（生地が無くなり次第終了）　無休　イートイン可（直売所内飲食スペースなど）
P55台（道の駅と共有）
http://m-koura.jp/

31

MAP / P129_13

ラーメン 奏
ラーメン かなで／野洲

**期待のニューカマーが野洲に登場
店内製麺で唯一無二の味を追求**

　オープンして間もない頃から、店先に開店待ちの客が並ぶほどの盛況ぶり。カウンター席のみの店内には製麺機を備えており、国産小麦を使用して1日寝かせた平打ちの自家製麺を提供している。コシが強く、モチモチとした食感が持ち味で、追加料金なしで麺量1.5倍の大盛りも可能。定番は「魚介鶏そば」で、鶏白湯スープに豚の背脂を加え、ひと口目は濃厚に。さらに、いりこやうるめなど魚介系のダシを加えて、後味をさっぱりと仕上げている。今後も注目を集めるであろう期待の一軒。

[穴場時間]平日13時30以降、平日夜

KID'S DATA
子ども可／子どもメニュー無／子どもイス無

☎無
野洲市冨波乙690-32
11:00～14:30
18:00～20:00(売り切れ次第終了)
水曜休　全席禁煙
完全個室無
P3台

SHIGA TOPICS
9
行きたい！
行列ができる
＼ラーメン／

新店から名店まで、滋賀で人気の20軒を一挙紹介。
並んででも食べたいあの店この店がこっそりと教えてくれた
「穴場時間」をチェックして、美味しいラーメンを食べにいこう。

大阪の[ラーメン人生JET600]で研鑽を積んだ店主の秦さん。仕込みはすべて一人で行う

3種類の醤油をブレンドした魚介鶏そば(しょう油)並700円。豚もも肉のチャーシュー入り

SHIGA | ラーメン

あんかけチャンポン780円。鶏ガラベースの和風スープを卵入りのあんでとじたやさしい味

みやざき地頭鶏のナチュラルな肉の旨みが楽しめる塩白湯750円。濃厚だが食べ飽きない

温玉やセセリ、アオサ海苔がストレートの細麺に隠れた鶏の白雪麺(ごはん付き)700円

MAP / P126_4

2 めんや 三平
めんやさんぺい／彦根

溶き卵のあんにやさしく包まれて

彦根で30年来愛され続ける"あんかけチャンポン"の名店。溶き卵を加えたトロトロのあんかけスープに、もやしやキャベツ、豚バラ肉をどっさりと投入。具材とスープで溢れんばかりの大鉢に、老若男女を問わず誰もが夢中で挑んでいる。2015年11月に移転リニューアルしたこちらでは、家族連れにも嬉しい広めのテーブルとボックス席をスタンバイ。

[穴場時間] 平日13時30以降、平日夜

KID'S DATA
子ども可／子どもメニュー無／子どもイス有

☎0749・24・3636
彦根市高宮町1682-1
11:30～14:30(LO/14:15)
17:00～24:00(LO 23:45) 日曜～22:00(LO)
※スープなくなり次第終了
水曜休　禁煙席無
完全個室無　P20台

MAP / P128_9

3 地頭鶏白湯亭 日向 ～HINATA～
じとっこぱいたんてい ひなた／水口

人気店の第2章は肉々しい鶏白湯

イタリアン出身の店主が手掛ける無添加ラーメンで人気の[日向]が2号店をオープン。みやざき地頭鶏の大手羽を大量に投入し、肉片がスープに混ざった特製の鶏白湯を披露してくれる。また、デュラムセモリナ粉の手揉み麺を使用して、18ヶ月熟成のグラノパダーノチーズと、パルミジャーノレッジャーノをたっぷり入れたカルボナーラ白湯もおすすめ。ミルキーな味わいがクセになる。1日限定15食。

[穴場時間] 平日18:00～19:00

KID'S DATA
子ども不可／子どもメニュー無／子どもイス無

☎0748・86・0548
(甲南本店)
甲賀市水口町東名坂302-1 ツキダビル1F
11:00～14:00
17:30～21:30
月曜休(祝日の場合は営業)　全席禁煙
完全個室無　P有
http://rrhinata.com/

MAP / P131_18

4 支那そば 大津 天下ご麺
しなそば おおつ てんかごめん／浜大津

上品な鶏の旨みを引き出した一杯

鶏と水だけで炊いたシンプルで上品な味わいの鶏の白雪麺をはじめ、地鶏と魚介スープで仕上げた近江塩鶏麺700円や、特製マー油と豚骨スープが溶け合う黒トロ淡海麺700円など、どれも素材の味を存分に引き出したオリジナリティ溢れる一杯ばかり。故・佐野実氏の育った横浜のラーメンを忠実に再現した藤井家(ぼくんち)ラーメン700円を期間限定で提供中。

[穴場時間] 14:00過ぎ

KID'S DATA
子ども可／子どもメニュー無／子どもイス無

☎077・527・2877
大津市浜大津4-7-35
11:00～翌1:00
日曜～21:00(祝前日の場合は通常営業)
月曜休(祝日の場合は翌日、営業は～21:00)
全席禁煙
完全個室無　P無

MAP / P130_17
8 ラーメン 桃李路
ラーメン とうりみち／石山

中華の技を活かしたスープが絶品

東京や横浜中華街で腕を振るった店主による無化調ラーメンが人気。甘めのスープが味わい深い醤油ラーメンをはじめ、コラーゲンたっぷりの濃厚豚骨ラーメン、隔月で提供するサラダ仕立ての塩ラーメンなど個性派が勢揃い。

☎077・575・0277
大津市鳥居川町8-5
11:00〜14:00
18:00〜21:30
火曜休　全席禁煙
完全個室無　P3台
http://rarara-men.blog.so-net.ne.jp/

[穴場時間]13:30以降
KID'S DATA
子ども可／子どもメニュー無／子どもイス有

MAP / P130_17
7 らー麺 鉄山靠
らーめん てつざんこう／瀬田

濃厚な豚骨と塩ダレの風味が秀逸

人気のこくまろ塩とんこつは、豚の背ガラや豚足などから圧力鍋で旨みを抽出。豚骨の旨みが凝縮した濃厚な味わいながら、鰹節や煮干しで風味付けをした沖縄塩のタレが、口当たりをマイルドにしているので食べやすい！

☎077・548・9756
大津市萱野浦25-1
ALTA萱野浦ビュー1F
11:00〜14:30（LO）
18:00〜21:30（LO）
月曜休（祝日の場合は営業、翌日休）
全席禁煙　完全個室無　P3台
http://tetsuzankou.com/

[穴場時間]開店時すぐ
KID'S DATA
子ども可／子どもメニュー無／子どもイス有（座敷用）

MAP / P129_15
6 點心
てんしん／守山

店主のセンスが光る多彩な坦々麺

この道20年以上の店主が切り盛りする中華料理店。西紅柿や牛筋を使った異色の坦々麺や、とろみをつけないあっさり酢豚など、オリジナル中華が楽しめる。一品料理＋200円でごはん・スープ・サラダが付くランチも人気。

☎077・582・4114
守山市岡町29-1
11:00〜15:00
17:00〜22:00（LO／21:30）
月曜休（祝日の場合は翌日）
全席禁煙（喫煙スペース有）
完全個室無　P7台
Facebook／中華麺飯店
點心で検索

[穴場時間]平日14:00以降、17:00〜19:00頃
KID'S DATA
子ども可／子どもメニュー無／子どもイス無

MAP / P126_4
5 la-men NIKKOU
ラーメン ニッコウ／彦根

濃厚＆あっさりの2大麺が自慢

行列が絶えない湖東の人気ラーメン店。濃厚ながら飽きのこない旨さの鶏白湯と、丸鶏・豚・野菜・魚介などから取ったあっさりスープの日香麺がこちらの2大名物。月替りや一日限定で提供する異なるスープのラーメンも見逃せない。

☎0749・28・2035
彦根市宇尾町1366-2
11:30〜14:30
17:30〜21:00
土・日曜・祝日11:30〜21:00
月曜休（祝日の場合は翌日）
全席禁煙　完全個室無
P有
http://ameblo.jp/nikkou/

[穴場時間]平日13:30以降、土曜15:00〜17:00頃
KID'S DATA
子ども可／子どもメニュー無／子どもイス有

中太麺に濃厚スープを絡める濃厚 鶏SOBA（塩）780円／黒マー油のトッピングも人気

鶏白湯 塩750円 鶏の旨みを凝縮した濃厚スープは、何度食べても飽きないと大好評。醤油やマー油もあり

西紅柿坦々麺880円／白胡麻坦々麺にトマトを丸ごとトッピング。濃厚なスープとトマトの酸味が好相性

とりこくらーめん（並）802円／ストレートの中太麺に濃厚なスープが絡む。半熟煮玉子とやわらかなチャーシューも美味

スタミナチャーシュー950円／鶏ガラベースのスープに、唐辛子やニンニクチップをトッピング。クセになる辛さをぜひ

台湾まぜ野郎（〆ご飯付き、1日20食限定）850円／ピリ辛タレと辛味噌ミンチなどの具、自家製ラー油を混ぜて食べる、旨辛な一品

醤油ラーメン770円／[あいぽーく]を使用したチャーシューが美味。豚・海老ワンタンも入った具だくさんの一品

こくまろ塩とんこつらー麺750円／ラーメンに最適とされる北海道産小麦「春よ恋」を合わせた自家製麺はもちもちの食感

MAP / P126_4
12 らーめん チキン野郎
らーめん チキンやろう／彦根

鶏の旨みが効いた麺メニュー多数

鶏ガラと鶏肉を丹念に煮込んだスープは、濃厚ながら脂分が多くないのが特徴。「こってり野郎」750円や鶏清湯の「あっさり野郎」750円、鶏白湯に付けて味わうつけ麺、多彩な丼もあり。月替りの限定メニューにも注目。

☎0749・27・6171
彦根市大藪町21-22
メゾンインペリアル1F
11:30〜14:30　18:00〜
22:00、土曜、祝日11:30〜22:00※スープがなくなり次第終了　火曜休
全席禁煙　完全個室無
P5台　Facebook／ラーメン チキン野郎で検索

[穴場時間]平日13:30以降、土・日・祝15:00〜17:00
KID'S DATA
子ども可／子どもメニュー無／子どもイス有

MAP / P125_2
11 ちゃんぽん茶屋 をうみ
ちゃんぽんちゃや をうみ／栗東

鶏と和風ダシのWスープが決め手

コク深い鶏ガラスープに、5種の魚節と昆布から抽出したダシを合わせたWスープは、和の風味が利いた日本人好みの味。野菜の食感が際立つ和風ちゃんぽんも人気で、最後は残ったスープを石焼雑炊300円にかければ2度美味しい！

☎077・552・7517
栗東市辻527-1
11:00〜15:00
17:00〜20:00　不定休
禁煙席有　完全個室無
P有　Facebook／ちゃんぽん茶屋 をうみで検索

[穴場時間]平日、土・日曜14:00以降、20:00以降
KID'S DATA
子ども可／子どもメニュー有／子どもイス有

MAP / P131_19
10 中華そば 殿 雄琴店
ちゅうかそば との おごとてん／雄琴

虜になること必至の旨辛な逸品！

"湖西の雄"と滋賀のラーメンファンから称される人気店。「現状に満足することなく常に進化を目指す」という店主が作る「スタミナそば」は、奥深い辛さがクセになる一杯。コクとまろやかさが絶妙な中華そばもぜひ！

☎077・579・7717
大津市雄琴町3-531-1
11:30〜15:00
17:30〜翌1:30
土・日曜・祝日18:00〜
不定休　禁煙席有
完全個室無　P15台
http://www.ramen-tono.com

[穴場時間]なし
KID'S DATA
子ども可／子どもメニュー無／子どもイス有

MAP / P126_3
9 麺屋 號tetu
めんや こてつ／長浜

骨の髄まで抽出した鶏コラーゲン

鶏白湯スープで知られる湖北の名店の一つ。店主が独学で開発したスープは、大量の鶏ガラとモミジを7時間炊いた後、1日寝かせて鶏肉骨を溶かし込むという特濃厚。不定期で限定ラーメンの提供もあるので、要チェック！

☎0749・63・4340
長浜市南呉服町5-24
11:30〜15:00（LO／14:30）
※夜は限定営業又スープがなくなり次第終了
月、第1・3火曜休　全席禁煙
完全個室無　P有
Facebook／麺屋 號tetuで検索

[穴場時間]平日14:00以降
KID'S DATA
子ども可／子どもメニュー無／子どもイス無

SHIGA | ラーメン

16 横浜家系 ラーメン秀吉家
よこはまいえけい ラーメンしゅうきちや／守山
MAP /P129_15

太麺に絡む豚骨醤油スープが見事

太麺＆豚骨醤油スタイルの横浜家系で経験を積んだ店主が作る、家系ラーメンが登場。継ぎ足し煮込んでいく呼び出し製法によるスープは、豚骨の風味や醤油の甘味が豊か。「麺の太さ」をはじめ「スープの濃さ」や「油の量」を選べるのも家系ならでは。

☎077・583・2002
守山市勝部5-3-38
11:30〜14:00
17:00〜24:00
日曜・祝日11:30〜20:00
不定休　全席禁煙
完全個室無　P3台
Facebook／横浜家系ラーメン秀吉家で検索

[穴場時間] 17:00〜19:00
KID'S DATA
子ども可／子どもメニュー無／子どもイス有

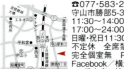

---

15 麺や 結
めんや むすび／守山
MAP /P129_15

クリーム色のスープが食欲を刺激

住宅街でひと際目を引く話題のラーメン店。店主が目指すのはくどすぎず、老若男女に好まれる鶏白湯。[天下ご麺]で修業した経験を元に、鶏ガラ・モミジ・香味野菜をコラーゲンのとろみが出るまで炊き出し、濃密な一杯に仕上げる。

☎非掲載
守山市勝部3-8-24
11:00〜14:00(LO)
18:00〜21:30(LO)
火曜夜、水曜休
全席禁煙　完全個室無
P5台　Facebook／
麺や 結で検索

[穴場時間] 13:00以降
KID'S DATA
子ども可／子どもメニュー無／子どもイス無

---

14 梅花亭
ばいかてい／長浜
MAP /P126_3

純米の香り華やぐ湖国の一杯

湖国の恵みを取り入れたラーメンが評判。[冨田酒造]の酒粕や琵琶湖の瀬田しじみ、長浜にある[あやべとうふ店]の豆乳など、滋賀の食材を採用し、その質の高さも人気のひとつ。健康志向の女性客も多く、連日大盛況。

☎0749・65・6450
長浜市大戌支町1031-3
11:30〜15:00(LO/14:30) 18:00〜22:00(LO/21:30)　※売切れ次第終了　不定休　全席禁煙
完全個室無　P7台
Facebook／梅花亭で検索

[穴場時間] 13:30以降
KID'S DATA
子ども可／子どもメニュー有／子どもイス無

---

13 麺屋 半蔵
めんや はんぞう／愛荘町
MAP /P126_4

濃厚でシャープな味にファン多数

全国の名店で修業を積んだ、店主が作るこだわりのつけ麺にファンが殺到。深いコクがありながらもスッキリとした半蔵つけめんは、カツオの風味がふわっと香るつけ汁をつけて。つけ麺は4種、ラーメン7種とメニューも豊富。

☎0749・42・7007
愛知郡愛荘町長野318-2
11:00〜15:00
18:00〜24:00
月曜休　全席禁煙
完全個室無　P30台
Facebook／麺屋 半蔵で検索

[穴場時間] 平日11:00〜12:00、13:30以降
土・日曜、祝日11:00〜11:45、14:00以降
KID'S DATA
子ども可／子どもメニュー無／子どもイス有(座敷用)

19 とんこつラーメン750円／上質な国産豚の豚骨を使用するので臭みを感じない。もちっとした中太麺との相性も抜群

20 ラーメン（並）700円／のど越しの良いストレートを使用。チャーシューはトロトロで、たっぷりのネギも特徴

17 らーめん(しょうゆ)767円／鶏ガラの旨みと奥深いコクのあるスープはラーメン通も唸るほど。幅広い世代に愛される

16 ラーメン650円／もちもちの太麺と、醤油の甘味＆旨みが強いスープが好相性。国産豚のチャーシューも格別

18 ラーメン（昼）730円／しなやかな自家製麺は、通常200gとボリューミー。濃厚なスープと太麺が絶妙にマッチ

15 味玉鶏そば850円／クリーム色のスープが食欲をそそる。甘みのある味玉とやわらかなチャーシューも美味

14 酒粕のラーメン870円／純米吟醸酒を使用した和風ダシが香り立つ。レアチャーシューや鶏つくね、メンマ入り

13 半蔵つけめん820円／豚骨と豚足を長時間煮込んだスープはまろやかで後味スッキリ。のど越しのよい麺も最高

---

20 山さん ラーメン
やまさん ラーメン／守山
MAP / P129_15

あっさりとした人気の豚骨醤油

背脂系醤油ラーメンの草分け的存在として、多くのファンに愛されるラーメン店。豚骨と鶏肉でとったダシに、地元老舗メーカーの醤油と圧力鍋で丹念に煮込んだ背脂を加えたスープは絶品。後味がよく女性からも人気とか。

☎077・583・7073
守山市古高町622-4
11:00〜20:00
火曜休　禁煙席無
完全個室無　P10台

[穴場時間] 平日、土・日曜14:00以降
KID'S DATA
子ども可／子どもメニュー無／子どもイス無

---

19 らーめん 与七
らーめんよしち／堅田
MAP / P131_19

豚骨だけのどろどろスープに驚愕

超濃厚なとんこつラーメンがこちらの名物。鍋ひとつ分の水に40〜50kgの背骨や丸骨を使用し、髄が溶けるまで強火で炊き続けたどろどろスープはまさに感動もの。途中で味付け高菜を加えると、ピリ辛味でさらに食欲が増す。

☎077・574・4747
大津市今堅田2-40-25
11:00〜15:00
18:00〜22:00(LO)
火曜休　全席禁煙
完全個室無　P9台

[穴場時間] 平日13:30以降
KID'S DATA
子ども可／子どもメニュー無／子どもイス有

---

18 麺屋 白頭鷲
めんや はくとうわし／守山
MAP / P129_15

旨み凝縮のスープが極上の一杯

ラーメン通が足しげく通う名店。スープは鶏ガラとゲンコツ、魚節をふんだんに使用。店長曰く、「滋賀で一番スープに原価をかけている」と豪語するだけあって抜群の美味しさ。脂で旨みを足さないので後味の良さも自慢。

☎077・532・7342
守山市大門町297-2
11:00〜14:00(LO)
18:00〜20:00(LO)
不定休　全席禁煙
完全個室無　P8台
http://hakutouwashi.shiga-saku.net/

[穴場時間] 平日18:00〜19:00
KID'S DATA
子ども可／子どもメニュー無／子どもイス有

---

17 来来亭 野洲本店
らいらいてい やすほんてん／野洲
MAP / P129_13

秀逸な鶏ガラスープが光る逸品！

自慢の醤油ラーメンは、たっぷりの背脂が浮かぶ鶏ガラベース。コク深くクセのないスープは最後まで飲み干せると好評。「お客様に好みの味を楽しんでほしい」と、麺の固さや背脂の量、醤油の濃さなどを選べるのが嬉しい。

☎077・587・5556
野洲市妙光寺290
11:00〜24:00(LO)
第3水曜休
全席禁煙　P50台
Facebook／来来亭で検索

[穴場時間] 平日、土・日曜15:00〜18:00
KID'S DATA
子ども可／子どもメニュー無／子どもイス有

SHIGA TOPICS 10

名作揃い

死ぬまでに見たい 仏像

仏像好きに本当におすすめしたいのが滋賀の寺。
京都や奈良の観光地と違い、山奥のひっそりとした境内の雰囲気が堪らない。
「こんなところに」の先には感動の連続が待っている。

大仏宝殿には、九体阿弥陀仏のうちの一躯と伝わる阿弥陀如来坐像(重文)、足の形容が珍しい大威徳明王牛上像(重文)など見応え抜群の仏像を安置

MAP / P125_2

石馬寺
いしばじ

隠れた定食屋ならぬ隠れ寺

東近江は五個荘の山奥にひっそりと佇む元天台宗寺院。石馬寺の名は、聖徳太子が霊気を感じて馬を走らせたところ、松の木に繋いだ馬がその場で石になったことに由来する。8年前にこの寺を受け継いだ住職の西さんは、「隠れた定食屋のようなお寺でありたい」と、心折れそうな石段を越えやってくる人々を、温かく迎え入れている。住職の軽快なトークと重文指定の仏像を前に、二度も三度も訪れたい。

☎0748・48・4823
東近江市五個荘
石馬寺町823
9:00〜16:00
月曜休
拝観料／500円
P10台

MAP / P129_14

安養寺
あんようじ

二度の焼失を免れた薬師三尊

天平12年(740)、金勝寺の別院の一つとして創建、鎌倉後期には天皇の勅願所として20余の僧坊が立ち並ぶ大伽藍が建立された。室町・戦国期の兵火で伽藍は焼失したが、今も伝わる本尊・薬師三尊は奇跡的に戦火を免れた。境内には四国霊場を模した88の祠があるほか、近江八景を表す石組を配し、琵琶湖をかたどった池が残る庭園は、県の名勝の一つに数えられる。

☎077・552・0082
栗東市安養寺88
9:00〜16:00
拝観料／300円
(要事前予約)
P10台

像高3.6mの大きさながら、檜の一木造を用いた日本最大級の軍荼利明王立像(重文)。下唇をかみ締め憤怒の形相を見せる

MAP / P125_2

金勝寺
こんしょうじ

山岳信仰の中で守られてきた古仏

天平5年(733)平城京の鬼門守護のため、聖武天皇の勅願を受けた東大寺の僧、良弁により開創。寺が位置するのは、古くから修験道の行場とされた金勝山の中腹で、神秘的な巨石・奇岩が露わになった山全体が信仰対象となっている。平安時代に造立された本尊・釈迦如来坐像や日本最大級の軍荼利明王立像など国宝レベルの仏像を多数安置する。仏像好きならぜひ。

☎077・558・2996
栗東市荒張1394
9:00〜17:00
(12〜3月は〜16:30)
無休
拝観料／500円
P10台

SHIGA | 仏像

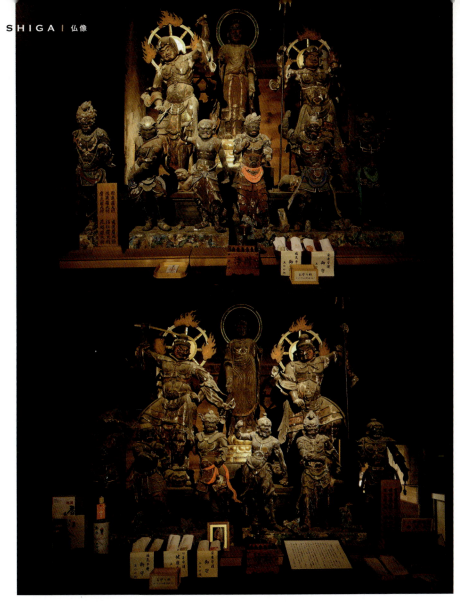

裏堂の兜跋毘沙門天、文殊菩薩、不動明王は、もとは本尊・薬師如来とセットで祀られていたとされ、延暦寺の流れを汲む

MAP / P128_9

善水寺
ぜんすいじ

静謐な空間に佇む圧巻の仏像群

延暦寺開創のため用材を川から運ぼうとした最澄が、岩根山中腹の池中より薬師仏を勧請し、請雨の祈祷を修したと伝わる。秘仏の本尊・薬師如来の脇を梵天と帝釈天、さらに四天王が固め、手前に十二神将が並ぶ光景は圧巻のひと言。織田信長の焼き討ちを逃れた奇跡の仏像群を、一度は拝みに出掛けたい。

☎0748・72・3730
湖南市岩根3518
9:00〜17:00（11〜2月は〜16:00）
無休
拝観料／500円
P60台

MAP / P127_5

正妙寺
しょうみょうじ

全国的にも例がない金色の観音像

観音信仰が盛んで「観音の里」とも呼ばれる、高月町の小高い山の中腹にある小さなお堂。手だけでなく、足も千ある十一面千手千足観音立像は全国にも他に例がない仏像で、玉眼をはめた目と口を開いた憤怒の表情はなんとも奇特。元は琵琶湖湖岸の豪族の守り仏だったと伝え、足の数もさることながら、何を訴えようとしているのか不思議な印象を残す。

☎080・1490・8032
（正妙寺世話方）
長浜市高月町西野2025-1
9:00〜16:00
拝観料／300円（要事前予約）
P5台

慶派の作風が色濃い本尊・薬師如来坐像（重文）。鎌倉期の作で、強い螺髪のうねりと複雑な衣文が特徴。脇侍に日光・月光菩薩を配す

MAP / P125_2
Puka Puka
ブカ プカ

サーフボードでゆらゆら水上散歩

初心者向けの半日コースから上級者向けのレッスンまで、幅広いラインナップで滋賀にSUPを広めてきた草分け的存在。なかでも魅力的なのが、初心者でも楽しめる沖島コース。比較的距離が短く、上陸後は、淡水湖では日本唯一の有人島を散策できる。島内には車の代わりに三輪車が行き交い、どこまでものんびりとした時間が漂う。島内の漁協会館で味わえる、琵琶湖の恵みがたっぷりのお弁当も絶品だ。

☎050・5802・9050
東近江市栗見出在家町781-1
10:00〜19:00（要予約）
火曜休　P10台
http://pukapuka290.jimdo.com/

スポーツの後のお弁当は格別！

沖島は自動車が一台もなく、走るのは三輪車。昔からの自然や文化が多く現存し、ロハスな光景が広がる

通常のサーフボードより厚く、幅も広いため初心者もバランスが取りやすい。動きはシンプルだが、予想以上に体幹が刺激される

大自然をそのまま遊び場にする贅沢。コース中に迫って岩場を登る、手応えのあるポイントも多数

滝壺に豪快にダイブ！ 遊ぶコースはガイドさんがきちんと設定してくれているので、ひるみそうなポイントも思い切ってチャレンジを

MAP / P127_7
パワーゾーン・リバーベース滋賀
パワーゾーン・リバーベースしが

スリル満点の渓流登りに挑戦

下流から上流に向けて、滝や岩場を登りながら楽しむのが一般的なシャワークライミングだが、ここで楽しめるのは安全ベルトをつけて岩場を登るスーパーシャワークライミング。難易度高めの急流を乗り越えていく、本格的なスポーツだ。全身に水しぶきを浴びて頂上を目指し、最後は天然のプールへダイブ！ 複雑な技術はいらないので、気軽にチャレンジしてみよう。

☎052・788・7575（株式会社パワーゾーン）
東近江市杠葉尾町1491-2
（パワーゾーン・リバーベース滋賀）
集合10:00〜　毎日開催
シーズン中無休（6月〜9月）
P32台
http://powerzone.co.jp/

水遊び

水辺を抜きにして滋賀は楽しめない。琵琶湖上で楽しむカヤックやSUPはもちろん、湖以外にも、自然が豊かな滋賀には天然の遊び場がたくさん。もちろん、たまには街中でリゾート気分を楽しむもよし。

MAP / P130_17
びわ湖大津プリンスホテル
びわこおおつプリンスホテル

街中でリゾート気分を満喫

琵琶湖や比良山系を望む絶景プールが、びわ湖大津プリンスホテルの屋外に夏期限定で登場。琵琶湖をモチーフにしたプールは全長90m、最大幅23mで、深さ30cmの子ども用プールもあるのでちびっこ連れにもおすすめ。日帰りももちろん可能なので、いつもと違うデートがしたい時にもブックマークしておきたいスポットだ。街中のプールサイドでリゾート気分を楽しんで。

☎077・521・1111（代）
大津市におの浜4-7-7
2016年7月2日〜9月1日のみ営業
10:00〜17:00
※8月1日〜7日、9日〜16日
9:00〜18:00、8日〜15:00
期間中無休
http://www.princehotels.co.jp/otsu/

天気の良い日には比叡山や遠くの比良山系まで見渡せるプールサイド。泳いだり、のんびり日光浴しながら湖岸沿いで楽しい休日を

SHIGA | 水遊び

MAP / P125_2
フレンドシップアドベンチャーズ
フレンドシップアドベンチャーズ

一人用ボートで激流を疾走しよう！

ニュージーランド発の新感覚スポーツで、日本ではココ瀬田川に初上陸したリバーバギング。リクライニングシートのような一人用のボートに乗り、パドルを使わず手足だけで漕いで動くのが特徴で、水面を自由に動き回れるのが面白い。方向転換もしやすく、急流では後ろ向きに突っ込んでいくスリルがクセになる。自分流の楽しみ方を見つけて。

☎077・533・5112
大津市石山南郷町1215-5
8:00〜21:00
シーズン中無休（4〜11月）
P10台
http://www.friendship-adventures.com/

コース名にも入っているメロンパン作りは、一日目に体験。作り方を教わりながら、みんなで作って食べるメロンパンの美味しさは格別

感動的な琵琶湖の日の出！

早朝の清々しい空気の中、神々しい琵琶湖に漕ぎだす。湖面と朝日とのコントラストは、時を忘れてしまうほど見事な光景

MAP / P131_19
BSCウォータースポーツセンター
ビーエスシーウォータースポーツセンター

定番のカヤックで琵琶湖を周遊

創業40年以上。ヨットやカヤック、ウインドサーフィンなどの多彩なスクールを開催している、琵琶湖のウォータースポーツのパイオニア的存在。なかでも人気を集めているのが、1泊2日で参加する「サンライズカヤック＆メロンパン作り」。クライマックスは2日目の早朝。琵琶湖の波に揺られながら朝日を眺める瞬間は、未体験のひと時になるはず。

水面に浮かんでのんびりしたり、激しい流れの急流下りを楽しんだり、瀬田川の様々なポイントに合わせてボートを操作しよう

☎077・592・0127
大津市南船路4-1
9:00〜18:00
不定休
P50台
http://www.bsc-int.co.jp/

一人用ボートなので、ある程度自分の思い通りに川下りできるのが魅力。パドルも必要ないので、ボートの乗り降りなども楽チン

MAP / P131_19
Dunpas
ドゥンパス

湖面で水上ヨガにチャレンジ！

SUPとヨガを融合させた、ハワイ発の新スポーツ"SUPヨガ"が琵琶湖で体験できると話題に。国際ホリスティックセラピー協会に所属するSUPヨガ有資格のスタッフが指導してくれるので、SUPやヨガ初心者でも気兼ねなく参加できる。コースは1時間4000円のほか、経験者対象の2時間6000円なども用意されている。ステップアップ目指してトライしよう！

☎077・579・7077
大津市雄琴5-10-56
9:00〜17:00
不定休
完全予約制
P有
http://www.dunpas.jp/

サーフボード上でのエクササイズはとっても開放的。琵琶湖に吹く風や湖の香りを感じながら体を動かせば、気分も爽快

不安定なほど体幹に効く！

のんびり休日ランチ

行こう！注目エリアへ
湖西がおもしろい

山と湖が近い湖西では、週末限定の食堂や雑貨店など、休日を楽しむスポットがあちこちに登場。晴れた日は、車や自転車を走らせながら注目スポットへ出掛けたい。

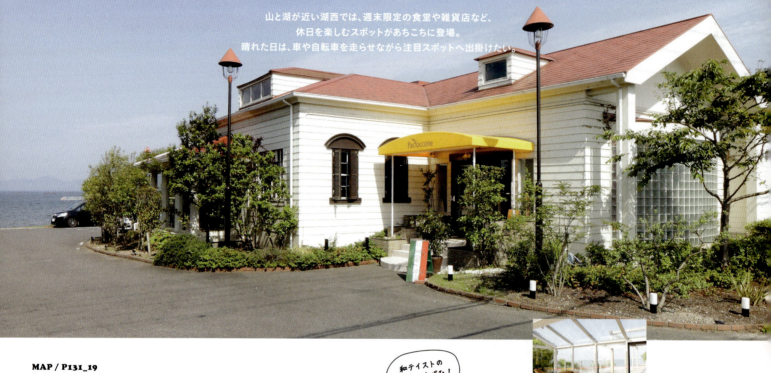

MAP / P131_19
PASTA&PIZZA Pacioccone
パスタ&ピッツァ パッチョコーネ

琵琶湖のほとりで石窯ピッツァを

10周年の節目を迎え、京都の荒神口から琵琶湖畔へと移転した［パッチョコーネ］。水と緑が織りなす雄大な景色を眺め、開放感いっぱいのリゾート気分を味わいながら、石窯で焼き上げるナポリピッツァや近江の地野菜たっぷりのパスタに舌鼓が打てる。前菜4種盛りが付くランチセットが好評で、数種類の中から選べるパスタセット、レギュラーメニューから選べるピッツァセットをスタンバイ。ディナータイムには、石窯を使った自家製ソーセージやローストビーフなど手の込んだアラカルトが楽しめる。ピッツァはテイクアウトも可能。

☎077・574・5775
大津市真野5丁目34-23
11:30～15:00(LO／14:30)
17:30～21:00(LO／20:30)
木曜休　全席禁煙　完全個室有（要相談）
P20台　Facebook／パスタとピッツァの店
パッチョコーネで検索

KID'S DATA
子ども可／子どもメニュー無／子どもイス有

和テイストのピッツァもぜひ！

ランチのピッツァセット
1620円

焼きたてのもっちり生地に、自家製のトマトソースとたっぷりのチーズが絡む一番人気のピッツァマルゲリータ

ランチのパスタセット
1620円

1.本日の前菜は、豚肉のソテーや野菜のテリーヌなど4品を日替わりで。自家製ドレッシングのサラダも自慢　2.自家製のラグーソースで煮込んだ濃厚な味わいのミートソーススパゲティ。温泉玉子のトロトロ感がアクセントに

SHIGA | 湖西がおもしろい

MAP / P125_2
primrose
ブリムローズ

手間ひま掛けた料理や庭に癒されて

　店へ着くと、靴からスリッパに履きかえる一軒家カフェ。アットホームな雰囲気に癒されながら、素材にこだわったカレーやパスタのランチセットをどうぞ。そして料理と同じくらい心を穏やかにしてくれるのは庭に広がるみずみずしい緑と優雅に咲き誇る花々。シェフのお父さんが愛情を注ぎこんだこの店のシンボルだ。コースやセットは予約をして来店を。

☎077・592・0506
大津市大物626-3
11:00～17:00（ランチLO／14:00）
月・第3日曜休
コース・セットは要予約
全席禁煙　完全個室無　P12台
Facebook／ぷりむろーずで検索

KID'S DATA
子ども6歳以上可／子どもメニュー無／子どもイス無

特製挽肉カレーセット2000円のほか、ふたりで楽しむパスタとピッツァのシェアセット4200円も

お庭もご馳走のひとつ

釜飯
950円～

フタをとればふっくら炊きあがった釜飯の風味が広がる。吸い物、小鉢、漬け物付き

MAP / P131_19
拾穂庵
しゅうほあん

庭を愛でつつ料理を待つ贅沢時間

　小川の水音が優しく響く日本庭園を眺めながら、食事やお茶が味わえる店。江戸時代末期の建築と伝わり、日吉大社の神主の住まいだったと聞けば、その趣のある佇まいにも納得がいく。人気は卓上で炊く釜飯。山菜もしくはシジミ950円と近江牛1200円の3種があり、できあがりまではおよそ30分。待っている間も静かな空間に心和む、豊かな時間に。

KID'S DATA
子ども可／子どもメニュー無／子どもイス有

☎090・7093・3488
大津市坂本5-24-79
11:00～16:30（LO）
火～木曜休み（祝日の場合は営業、予約は受け付け可）、他不定休有
全席禁煙　完全個室無　P無

自家製ドリンクもおすすめ！

今日のお昼ごはん
1100円

ごはんと好相性のおかずがずらり。完売もあるので予約がベター

MAP / P131_19
おうち食堂 tuku_ta
おうちしょくどう ツクッタ

手づくりのやさしい味を週3日だけ

　自家菜園の野菜や自家製の倍糀味噌を使った料理に、自家製ドリンク。手づくりのものを多く使い、丁寧に"つくった"家庭の味を提供する。メインと小皿の副菜5品、汁物が付く「今日のお昼ごはん」のほか、プレートランチ800円の2種類。土鍋で炊いたごはんはおかわり自由と、腹ペコさんには堪らない。オープンは週に3日。家庭料理のやさしさを味わいに出かけよう。

KID'S DATA
子ども可／子どもメニュー無／子どもイス無（座敷有）

☎077・578・5103
大津市坂本3丁目16-25
11:30～16:30（LO／16:00）
木～土曜のみ営業
全席禁煙　完全個室有　P無
facebook／tuku_taで検索

のんびり休日ランチ

MAP / P131_19
Blueberry Fields 紀伊國屋
ブルーベリー フィールズ きのくにや

ブルーベリー農園で食す自然の恵み

関西初のブルーベリー農園は、有機栽培の野菜や自家製ハーブをふんだんに料理に使う山のレストランが人気。小さな山の中腹にある店内から畑や山々、琵琶湖の景色を楽しみながら、コース仕立てのフランス料理が味わえる。生のブルーベリーを使った料理は8月限定で、期間中はランチ・ディナーを予約すれば、レストランの前に広がる農園でブルーベリーの摘み取り体験2450円もできる。

KID'S DATA

子ども可／子どもメニュー有／子どもイス有

☎077・598・2623
大津市伊香立上龍華673
ショップ・ファーム10:00〜17:00
レストラン／ランチ（2部制）11:30〜13:15、13:30〜15:15 ※要事前予約
ディナー17:30〜21:00（LO／20:30）
※金・土・日曜、祝日のみ　要事前予約
木曜休（8月は無休、1・2月はレストランのみ休業）
全席禁煙　完全個室有　P30台
http://www.bbfkinokuniya.com/

旬の食材を使ったメニューは月替わりで、ランチ、ディナーとも3780円、5400円の2種

MAP / P131_19
カフェレストラン ペコリーノ
カフェレストラン ペコリーノ

眼前に広がる湖のパノラマを堪能

近江八景の一つ、堅田の落雁で知られる［浮御堂］の程近くにあるイタリアンは、眼前に琵琶湖が広がる眺望が抜群。カウンター席からは、とくに水面を間近に感じることができる。牛ほほ肉を長時間煮込んだビーフシチューや、週替わりパスタなどのランチ、カフェタイムで味わえるパンケーキが人気メニュー。夜は1日4組限定のディナー2500円〜も。

チョコが隠し味のビーフシチューランチ2080円。前菜、パン、ドリンク、デザート付き

☎077・572・8138
大津市本堅田1-18-5
ランチ11:30〜14:00
カフェ14:00〜17:00
ディナー17:00〜21:00（LO／20:00）
※ディナーは金・土曜のみの営業　月曜休、日曜不定休
全席禁煙　完全個室無　P10台

KID'S DATA

子ども可／子どもメニュー無／子どもイス有

42

SHIGA | 湖西がおもしろい

カスタード風味のクリームを生地で包んだふんわりロールケーキはミルクティーと

ロールケーキ
398円

KID'S DATA
子ども可／子どもメニュー無／子どもイス無

MAP / P131_18
お茶とお菓子 Plus
おちゃとおかし プリュス

素材にこだわって作るパリの味

こぢんまりとした空間にアンティークの家具がなじむパティスリーカフェ。パリでお菓子作りを学んだオーナーが作るのは、素材を厳選した上品な焼き菓子やケーキの数々。挽きたてのコーヒーと一緒に味わえば口の中から体中へ幸せが広がること間違いなし。

☎077・525・5554
大津市桜野町2-5-8
11:00〜18:00(LO／17:30)
日・月・第2火曜休
全席禁煙
完全個室無　P1台
http://plus08.com/

どら焼きには、ハチミツを入れてふんわり丁寧に焼き上げた自家製の生地を使用している

煮豆のどら焼き
150円

KID'S DATA
子ども可／子どもメニュー有／子どもイス有

MAP / P125_2
青木煮豆店
あおきにまめてん

伝統的な煮豆が和スイーツに

昭和7年創業当時の製法を孫が忠実に受け継ぐ煮豆屋さん。「若い人にも気軽に手に取ってほしいから」と、考案した煮豆のどら焼きは、小豆餡とは違うそれぞれの豆の個性が味わえて一躍人気商品に。金時豆や青豆など全4種類。店内でパクッと味わうことも。

☎077・592・0270
大津市木戸105-7
9:00〜18:00
不定休
イートインスペース有
P6台
http://www.aokinimame.com/

要チェック！スイーツ

MAP / P131_18
Farfalle
ファルファッレ

濃厚な生とろプリンに心酔

地元で「ファルさん」の愛称で親しまれている、大津京駅前のイタリアンレストラン。コチラの名物のひとつである「ぷりんす」は、新鮮な卵黄とたっぷりの生クリームを使った生とろプリン。濃厚なコクと風味にほろ苦いカラメルが絡み、ほっぺが落ちてしまいそう。テイクアウトもOKだが、セットメニューを注文して人気のピッツァと一緒に味わうことも。

KID'S DATA
子ども可／子どもメニュー有／子どもイス有

☎077・525・7809
大津市皇子が丘2-9-13
ワイズアクトビル2F
11:00〜15:00(LO／14:30)
18:00〜22:00(LO／21:30)
木曜休　全席禁煙　完全個室無　P有（大津京駅前公共駐車場利用の場合、1時間サービス）

400度で焼くピッツァもぜひ！

ぷりんす
350円

濃厚なコクとまろやかな口どけを極めた生とろプリン。一つひとつ手作りしている

子猿を抱いてちょこんと座るお猿さんを象った最中。なかには刻み栗入りのこし餡がイン

比叡のお猿さん
1個141円

MAP / P131_19
鶴屋益光
つるやますみつ

地元の歴史に根づく菓子を土産に

日吉大社や延暦寺ほか近隣の寺院や神社の御用達和菓子店。神様の使いとして知られる猿をモチーフにしたかわいい最中が評判だ。このほか、つくね芋を交ぜたそば饅頭や特上そば粉が香るそば羊羹など「そば」の和菓子はこの地域で昔、そば粉が栽培されていたことに因むそう。

☎077・578・0055
大津市坂本4-11-43
9:00〜19:00
水曜休
イートイン不可
P無
http://www.turuya.jp/

バナナ×和菓子の意外なコラボ。バナナの甘さとくるみのほろ苦さが好相性でリピート必至

バナナとくるみの
大福 160円

いちご大福
280円

大粒いちごと甘さを控えた白あんを羽二重餅で包んだ看板商品。11月中旬〜4月中旬限定

MAP / P131_19
嶋屋
しまや

お土産にも喜ばれる名物大福

素材にこだわって職人が手づくりする素朴な和菓子で地元の人に愛される店。甘い大粒いちごとマイルドな白餡のバランスが絶妙ないちご大福が名物で、コチラをお目当てに遠方から訪れる人も多い。最近では、バナナとくるみの大福も人気上昇中。

☎077・573・4620
大津市本堅田5-6-54
8:00〜18:00
月曜休
イートイン不可
P4台
http://www.shimaya15.jp/

まるごと食べられる海老の鉄板焼950円や、砂肝と半熟玉子のサラダ864円など豊富なメニューが揃う

MAP / P131_19
鉄板屋Ramp
てっぱんやランプ

カジュアルに堪能フレンチ風鉄板

　大きな鉄板でダイナミックに焼きあげられるのは、牛や鶏、魚介、野菜など厳選された多彩な食材。ライブ感ある調理風景と香り、フレンチのエッセンスをプラスし、仕上げられる鉄板焼きメニューの美味しさに惚れ惚れ。ソムリエ厳選ワインが揃い、どれもお手頃価格なのも魅力。店内にはテーブル席ほか座敷もあり、肩ひじを張らずに楽しめるのが嬉しい。

KID'S DATA
子ども可／子どもメニュー無／子どもイス無

☎077・524・0140
大津市際川2-1-18
（大津駐屯地向かい）
18：00〜翌1：00（LO／24：00）
水曜休　禁煙席無
完全個室無　P9台

気になる夜ごはん

肉厚ながらやわらかい豚肉がドン！とのった丼炭火の香りが食欲をそそる。テイクアウト可

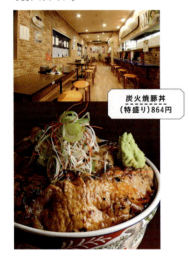

炭火焼豚丼
（特盛り）864円

アボカドむね肉
216円

セセリおろしポンズ
162円

トマト巻
162円

左から、ワサビの利いた鶏肉とアボカドの相性が良いアボカドむね肉。甘くジューシーなトマトを薄切り豚バラ肉で巻いたトマト巻。歯応えのある部位を大根おろしで味わうセセリおろしポンズ

お酒もすすむ炭火串焼き！

MAP / P131_19
炭火焼豚丼 信玄
すみびやきぶたどん しんげん

香ばしい豚の甘みが誘う丼の世界

　北海道・帯広の名物を越えるべく店主が開いた豚丼専門店。備長炭で炙った三元豚のロースを近江米にのせて頬張ると、香ばしい豚の甘みが口の中に広がる。タレは甘辛い醤油ダレ、黒胡椒の利いた塩ダレの2種類。＋75円で温玉のトッピングも可能。豚丼のほか、ごはんとサラダ、みそ汁、漬け物が付いた炭火焼トンテキセット（150g）918円もオススメ。

KID'S DATA
子ども可／子どもメニュー無／子どもイス有

☎077・578・0609
大津市下阪本6丁目13-19
11：00〜21：30（LO）
水曜休（祝日の場合は営業）
全席禁煙　完全個室無　P10台
http://www.butadon-shingen.com/

MAP / P131_19
炭火串焼き ソラナカ
すみびくしやき ソラナカ

バリエ豊富なカフェ感覚の焼き鳥

　カフェ感覚で気軽に立ち寄れる焼き鳥店は、串1本からでも注文可能で（一部を除く）、女性からも人気。天然塩やタレ、カレー塩、ポン酢など味覚のバリエーションも豊富で、つい注文しすぎてしまうが、ほとんどが1本140〜162円とお手頃な値段なので安心。ピンクグレープフルーツサワー、柚子はちみつサワーなどドリンクが充実しているのも嬉しい。

KID'S DATA
子ども可／子どもメニュー無／子どもイス無（座敷有）

☎080・2511・5687
大津市真野2-7-4
17：00〜23：00（LO／22：30）
月・火曜休
禁煙席無　完全個室無　P無

創業100余年
一貫した近江牛への想いがここに

近江牛一筋の大吉商店が手がける 注目の肉処がオープン

近江牛[大吉吉祥盛り]厳選希少部位盛り合わせ(特選)6458円。
近江牛の最高峰の肉がズラリ。霜降りロースのステーキカットやフィレの厚切り、カルビ、モモ、ホルモンなどバラエティ豊か

近江牛ならではの上品な旨みと肉脂の甘みを堪能

創業明治29年、老舗精肉店[大吉商店]プロデュースの農家レストランが堅田にお目見え。安曇川にある自社牧場でこだわりのエサと天然地下水で飼育された珠玉の近江牛が鉄板焼きと焼き肉で堪能できる。様々な「盛り合わせ」メニューが揃っているのは、自社が育てた牛だからこそ、どの部位もオススメできるという自信の表れ。贅沢に食べ比べを楽しめば、近江牛ならではの旨みや脂の甘みにきっと驚くはず。写真の希少部位盛り合わせをはじめ、カルビや赤身肉の盛り合わせなど、気になるものからトライして。地元農家から届く新鮮野菜や米など滋賀の自然が培った素材を一緒に味わえるのも嬉しいポイント。

(上)焼いた肉と好みの野菜を合わせ、サラダ感覚で楽しめる近江牛うす切りカルビの野菜包み(2~3人前)1933円。近江牛や唐辛子入りなど3種の味噌と合わせて(下)肉の上品な旨みと地元泰山寺卵のトロトロ食感が相性抜群の肉前菜、近江牛濃厚とろとろユッケ1069円

農家レストランだいきち
☎077・572・1129
大津市今堅田2-25-11
11:00~14:00(LO／13:30)
17:00~22:00(LO／21:30)
水曜休 全席禁煙(喫煙スペース有)
完全個室有 P10台
http://omibeef.com/

キャンプやガーデニングにと幅広く活躍してくれるLAND&B.Cの帆布製エプロン7340円

ドライブ途中にちょっと立ち寄る

SLOW LIFE HAMMOCK!

MAP / P125_2

TREES
ツリーズ

自然に囲まれた寛ぎの生活を発信

比良山系と琵琶湖に挟まれた北比良から、自然を身近に感じられる暮らしを発信する雑貨店。こちらで訪れる人を虜にしているのが本場メキシコで作られたハンモック。大人2人でも使えるほどのサイズは、ソファより腰に負担がかからず寝心地も抜群。親切＆丁寧に吊るし方も教えてくれるから安心して使いこなせそう。また店内には、オーストラリアの植物や室内で楽しめるインドアプランツや、家を飾る鉢やインテリア雑貨、キャンプやバーベキューに使える地元メーカーのエプロンやグッズ、コーヒーウェアなどが並ぶ。数十年も使い込んできたヴィンテージの文房具なども揃え、リラックスしながら高感度な生活を送る人たちの支持を得ている。

☎077・535・6362
大津市北比良1039-58
10:00〜18:00
土・日曜、祝日のみ営業
P3台
http://www.trees-local.com/

ハンモックはXL（4m×3.5m）1万6740円、ジャンボ（4m×4m）1万7800円の2種

46

SHIGA | 湖西がおもしろい

コンパクトで持ち運びやすいHelinoxチェアワンレッド1万2420円／カモ1万4580円

MAP / P125_2

TOPPIN OUTDOOR & TRAVEL
トッピン アウトドア & トラベル

湖西のアウトドアはお任せあれ

　テント、寝袋、調理器具から食器まで、キャンプに関するあらゆる道具を網羅する、アウトドア愛好家には心強い存在。登山やロッククライミングの道具も充実しており、クライミングクラブも主催している。バックパックひとつを背負い、飛行機を使わずに6年をかけて世界一周旅行をした店主の話も楽しい。

☎077・535・6415
大津市北比良985-88
11:00～18:00
水曜休、木曜不定休
P有
http://toppin.jp

MAP / P131_19

LIFE DESIGN SHOP STYLE9
ライフ デザイン ショップ スタイルキュウ

自然派インテリアを暮らしにプラス

　一歩店内に入るとワクワクが止まらないインテリアショップ。ファッションから雑貨、ガーデニング、家具に至るまで豊富な商品が、2F建ての広い店内でスタンバイしている。ナチュラルベースなハンドメイドカトラリーを中心にどんな部屋にも相性がよく、商品同士の組み合わせもぴったり。カジュアルプライスで良質なインテリアを楽しむことができると、地元の女性客を中心に親しまれている。気軽にスタッフに相談もできるので、ギフト選びにも足を運びたい。

☎077・573・0242
大津市本堅田4丁目21-16
10:00～20:00
火曜休
P40台
http://style9-hp.com/

ヤギの発毛のように発芽させる個性派グリーンは癒し系インテリアに。8日程度でもこもこになるそう。もこもこやぎ1個1384円

シーズンごとに新作も登場し、年々愛用者が増加しているデコレは、まったり感が人気の秘密。デコレ1個350円～

47

おおつ近江米カレー
Otsu Omi my curry
SHIGA-OTSU Curry Guide

http://www.otsu.or.jp/otsuomimycurry

豊かな水源と土壌に育まれた近江米をよりおいしく味わおうと開発された、おおつ近江米カレー。"こだわりの近江米を使用"し、"二度、異なる味を楽しめる"、気になるご当地グルメの提供店をチェック。

びわ湖大津ふるさと観光大使
高橋メアリージュン　高橋ユウ

女優、ファッションモデルとして活躍する高橋メアリージュン、高橋ユウ姉妹がこの度、大津市のイメージアップを図るため「びわ湖大津ふるさと観光大使」に就任。早速、おおつ近江米カレーの魅力をご紹介。

大津の新ご当地グルメ食べにきてね

おおつ近江米カレーは二度、異なる味を楽しめます！

「まずは野菜を前菜として」
「次は具沢山の野菜カレー」
「トマトスープをかければ…」
「カレーリゾットに変身！」

近江米を最後の一粒まで堪能できるように各店がアイデアを練り、レシピを創作。オリジナルのトッピングや別添えのソースを加えることで、1食で2タイプ以上の味わいを楽しめます。

1度で2度おいしい！

おおつ近江米カレーを提供するのは、こちらのタペストリーやのぼりのあるお店です。

  first time → second time

※カレーはイメージです。

カレー王国化を目指します！

大津でとれる豊富な食材を一皿の中で地産地消できるのも、アレンジ自在で懐の広いカレーならでは。ホテルレストランからカフェまで、市内にはこの新名物を提供する飲食店がぞくぞくと増えています。

大津は食材の宝庫です！

栄養に富んだ土壌で育つ近江米や野菜、果物、自然に囲まれ育った近江牛、びわ湖に生息する魚介類など、食材に恵まれた大津のまち。良質で多様な地元食材があったからこそ、おおつ近江カレーは生まれました。

ご当地グルメが変身

ほっとすてぃしょん比良

☎077・596・1679
大津市北比良290-1

玉ねぎの甘みが利いたポークカレーは素朴で家庭的。ここに青大豆と自家製にんにく味噌などを合わせた味噌豆をのせれば、濃厚な味わいがプラス。比良の里 大豆カレー750円

ちっち&みっきーのおいしい料理屋さん

☎080・5343・0689
大津市松本1-3-5 森田ビル5 1F

鯉のお頭のから揚げをドンとトッピング。トマト風味のカレーソースとふわふわオムレツに、特製醤油ソースをかけると洋風たまごかけご飯のよう。プル卵チーズの鯉カレー1000円

伝統の味とカレーが新鮮な出会い

Bel van Brugge〈びわ湖大津館〉
ベル ヴァン ブルージュ

☎077・511・4180
大津市柳が崎5-35

じっくり煮込んだビーフカレーとバーニャカウダソースを合わせて、肉と魚介のWの旨みを。滋賀名物えび豆をアレンジした豆コロッケもトッピング。湖と山と田んぼのカレー1800円

志じみ釜めし 湖舟（こしゅう）

☎077・537・0127
大津市石山寺3-2-37

石山寺門前名物しじみ釜飯と近江牛カレーをまずはそのまま。〆にはカレーとチーズをのせた釜飯を火にかけ、おこげ付きのドリア風カレーを楽しむ。志じみ釜めしカレー1296円

Bistro Belle Recamier〈ロイヤルオークホテル スパ&ガーデンズ〉
ビストロ ベル レカミエ

☎077・501・5489
大津市萱野浦23-1

スパイシーとキーマ風の2種類のカレーは、パルメザンチーズを混ぜるとマイルドに。カレーの相棒には近江ライスコロッケ、米粉のナンをラインアップ。スパイシー&トマトカレー1800円

レストラン・ザ・ガーデン〈琵琶湖ホテル〉

☎077・524・1225（レストラン予約／9：00～20：00）
大津市浜町2-40

お肉の旨みで食欲が進みます

ふっくら炊いた棚田米にふわふわ卵をのせて。さらに滋養豚のカツレツで卵とじ風に。最後に牛スジカレーをたっぷり加える。3ステップで近江米を堪能。滋養豚カツカレーふわふわ卵丼1600円

※写真はイメージ

がっつりボリューム！

HOTORI*CAFÉ
ホトリ カフェ

☎077・537・8012
大津市石山寺1-3-11

ブイヨンの旨みが利いたカレーはチーズをのせて香ばしく焼き上げる。八丁味噌仕立ての自家製肉味噌や野菜のトッピングを混ぜれば、一口ごとに味わいが変化する。肉味噌焼きカレー1300円

ダイニングMOO
モー

☎077・522・5080
大津市浜町9-28

1週間以上かけて仕込む近江牛骨ブイヨンがベースのスパイス香るカレーとトマトの酸味が利いたハヤシ。真ん中には近江牛を贅沢にトッピング。近江牛インディアンカレー&ハヤシライス1490円

つるつる麺コラボ

ダイニング 叶 匠壽庵
〈大津サービスエリア上り線1F〉

☎077・510・2770
大津市朝日が丘2丁目8-1
名神高速道路大津サービスエリア上り線1F

近江牛入りの和風カレーは野菜と共にすき鍋で味わう。ここにスパイスとフォーを加えれば、タイのマッサマンカレーにガラリと趣が変化。近江牛と10種の野菜のカレーすき鍋1780円

「ヘルシーで彩りも良し！」

なぎさWARMS（なぎさのテラス）

☎077・526・8220
大津市打出浜15-5

ひよこ豆のペーストと野菜ダシで作るカレーソースは、こっくりした甘みとスパイスの香り。トマトスープをたっぷりかけるとリゾット風の一品に。近江有機野菜のスープカレー1080円

たっぷり野菜

つなぐキッチン
〈ラーメンひばりの店舗で第2月曜のみ販売〉

☎077・596・5680
大津市梅林1-3-25

ソースの中にもトッピングにも、店主自ら育てた品ほか地元産の野菜をふんだんに使用。キヌヒカリのごはんは白と炊き込みの2色で。近江野菜たっぷりカレー600円。テイクアウトのみ。

ステーキ＆シーフード ニューヨーク
〈びわ湖大津プリンスホテル〉

☎077・521・5543
大津市におの浜4-7-7

マイルドな味わいのビーフカレーを堪能した後、さらに〆にはうどんとたっぷりのダシでカレーうどんを楽しめる。プリンス近江牛カレー平日2600円、土曜・休日2800円／ブッフェ大人1名

ビアホール キッパーズケルシュ（大津店）

☎077・526・3941
大津市島の関1-10

濃厚なカレーとラクレットチーズのコンビにピリ辛チョリソーをオン。下記の系列店では異なるトッピングを用意。トッピングを楽しむ！熟成煮込みカレー ハーフ432円、レギュラー842円

カレーwithチーズ

「buono！」

炉ばた家 見聞録（浜大津店）

☎077・510・0245　大津市浜大津1-1-5

ジューシー＆プリプリなせせりの天ぷらは、スパイシーなカレーにも負けない存在感。サックリ揚がった衣にラクレットチーズを絡めれば、旨み倍増。ハーフ518円、レギュラー950円

お料理処 華の宴（大津店）

☎077・511・2101
大津市におの浜2-3-1 大津西武百貨店7F

鰹節と昆布でとったダシが香る、大きな出し巻玉子をトッピング。ふんわりした口当たりも、味わいもやさしい卵でカレーがマイルドになり、幅広い客層に親しまれる一品に。1112円

近江軍鶏・鶏料理 鳥楽（大津駅前店）

☎077・510・0127
大津市梅林1-3-13 リンカーンビル1F

豆腐を合わせてふわふわの食感に仕上げた自家製の鶏つくねをカレーの相棒に。コクのあるカレーとラクレットチーズに炭火の香りがマッチする。ハーフ432円、レギュラー842円

ダムの魅力に迫る

治水や河川維持などで活躍し、私たちの生活を支えている、全国各地にあるダム。
その大きさやフォルムなどに魅せられ、ダム巡りを楽しむ「ダムマニア」も多い。
編集部おすすめの、滋賀県内の魅力的なダムと堰4選を紹介。

MAP / P125_2
青土ダム
おおづちダム／甲賀

世界的にも珍しい形状の洪水吐

巨大すり鉢のような個性的な形状の「洪水吐」を持つダム。世界的にも珍しい造りで知られ、マニア必見のスポットの一つだ。ぽっかりと空いた巨大ピットに水が流れ込む様子は、まるで壮観な滝のよう。周辺には公園があり、キャンプや釣りが楽しめるので家族連れにも人気。ダム湖には浮き桟橋がかかり、横断しながらダムの水面を眺めることもできる。春には桜の名所としても親しまれている。

甲賀市土山町青土151-4
[ダムカード配布場所]
青土ダム管理事務所
☎0748・66・0294
9:00～17:00　土・日曜、祝日休
P有
http://www.pref.shiga.lg.jp/h/kasen/dam/ohzuchi.html

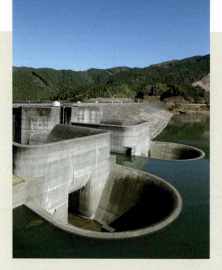

道路沿いや展望場所から見学自由

ぽっかりと空いた洪水吐に勢いよく流れ落ちる水は壮観。ぜひ近くでその迫力を体感して

雄大な自然のなかに突如現れる巨大な人工物。その重厚感と存在感、緑豊かな木々とのアンバランスさに胸が高揚する。ダムの大きさをはじめ、高さ、ダム湖の貯水量など見所は数え切れない。ダム湖周辺はしんと静まり返っていることが多く、大迫力を独り占めする贅沢だって味わえてしまう。ダム巡りと一口に言っても、楽しみ方は人それぞれだ。おすすめは、全国各地のダム管理事務所などで配布する"ダムカード"。名刺ほどの大きさで、表面にダムの写真、裏面にダムの所在地や形式などを紹介している。ダムへ行かないともらえないことが特徴の一つで、全国各地のダムカードを収集するファンも多い。まずはダムへ行ってみよう。そして迫力を感じよう。訪れてみたらきっと分かるダムの魅力。ぜひ体感してみて。

写真はダムカードと同じ構図で、上空から見るロックフィルダムとダム湖は迫力満点だ

MAP / P127_8
宇曽川ダム
うそがわダム／東近江

雄大な湖東平野の眺めが目の前に

宇曽川上流、周辺は湖東県立自然公園にも指定されている自然溢れるスポット。ダム堤体からは雄大に広がる湖東平野の眺めが素晴らしく、間近な山々と眼下に広がる水面の様子に圧倒される。ダム湖上流にある岩と清流が素晴らしい宇曽川渓谷も必見。美しい夜景が楽しめる穴場としても知られる。

東近江市平柳町1-6
[ダムカード配布場所]
宇曽川ダム管理事務所
☎0749・45・0622
9:00～17:00
土・日曜、祝日休　P有
http://www.pref.shiga.lg.jp/h/kasen/dam/usogawa.html

瀬田川にそびえる洗堰。レトロな外観がかわいい。ここで配布するのはダムカードならぬ堰カード。県内でも珍しく、マニア心をくすぐる

MAP / P130_17
瀬田川洗堰
せたがわあらいぜき／大津

美しい景観で琵琶湖の水位を守る

琵琶湖から流れる唯一の河川・瀬田川に、水の流れを調節し水害被害を防止するため作られたのが洗堰。現在の形は1961年完成した二代目。レトロな外観の洗堰と水辺の景観が美しく、景色を楽しむためにツーリングやウォーキングがてら立ち寄る人も。左岸には展示館[水のめぐみ館アクア琵琶]がある。

大津市南郷
[堰カード配布場所]
水のめぐみ館　アクア琵琶
☎077・546・7348
大津市黒津四丁目2-2
9:30～16:30
不定休　P有

SHIGA | ダムの魅力に迫る

大迫力！
絶好の撮影スポット

ダム堤体から下を覗けば、あまりの高さに心臓がひゅんとなる。お気に入りのビューポイントを見つけるのも、ダム巡りの楽しみ

これが
ダムカード！

MAP / P124_1

姉川ダム
あねがわダム／米原

**緑の中に現れる巨大コンクリート
大迫力のパノラマに興奮度MAX**

奥伊吹の大自然に囲まれた、滋賀県初の重力式コンクリートダム。姉川中上流の治水対策として25年の歳月をかけ、平成14年に完成。総貯水容量760万㎥、高さ80.5mを誇り、堤頂からダム湖を見下ろせば、足がすくむほどのスリル感が楽しめる。また、ダム湖ではブクブクと沸き立つ泡や湖底に酸素を供給する設備で水質を改善し、マスやイワナといった魚の生態系保全にも配慮されている。展示室では管理用の定点カメラを操作することも可能。

米原市曲谷869
［ダムカード配布場所］
姉川ダム管理事務所
☎0749・59・0061
9:00～17:00（4～11月）
無休（12～3月の土・日曜、祝日は休館）
P有
http://www.pref.shiga.lg.jp/h/kasen/dam/anegawa.html

少し離れたところから見るダムは、強い存在感を放つ。遠くから眺めると、ダム湖の広さもよく分かる

53

モダンレトロを楽しむ ≪

MAP / P126_3
くらしと生活道具 あふみ舎
くらしとせいかつどうぐ あふみしゃ

見た目も使い勝手も良好な器たち

　愛知や岐阜など、店主自ら作家の元に足を運び、実際に使用して使い心地のよいものだけを厳選した器がズラリ。「本当のお気に入りの1点を丁寧に選んで欲しい」という思いが、築100年を超える町家を改装した店内に詰まっている。作家の個性を主張しながらも、生活環境に調和する器は、一つはもっておきたいアイテム。陶器関連のワークショップや展覧会、店頭で扱う食器を使った食事会なども開催されている。

☎080・4021・8236
長浜市元浜町17-2
11:00〜19:00
不定休　P無
http://afumisha.com/

お猪口や醤油さし、ピッチャーやカップなどさまざま。店内には常時15名ほどの作家の器が並んでいる

レトロな町を訪ねて
長浜

かつては城下町、宿場町として栄えた長浜。
モダンレトロが残る街並みを散策するだけで、どこか懐かしい
気持ちになる。また来たくなる、そんなとっておきを探しに長浜へ行こう。

これからの季節は、紅ほっぺシェイク500円、パイナップルシェイク570円などがおすすめ

MAP / P126_3
三ツ星甘実 しぜん堂
みつぼしかんみ しぜんどう

イチゴはもちろん旬の果実も充実

　伊吹山の麓でイチゴ農園を営む[しぜん堂]が手掛けるフルーツパーラー。酸味と甘みのバランスが絶妙な「紅ほっぺ」を中心に、12〜6月はイチゴスイーツが目白押し。イチゴは伊吹山の薬草を防虫・防菌に活用して育てられるため自然の美味しさがダイレクトに伝わり思わず頬が緩む。イチゴのシーズン以外でも、リンゴやキウイ、パイナップルを挟んだフルーツサンド480円など旬のフルーツが味わえる。

☎080・3856・7177
長浜市元浜町11-31
10:00〜17:00
火曜休（祝日の場合は翌日）
全席禁煙
完全個室無　P無
http://mitsuboshi-shizendo.com/

SHIGA | 長浜

MAP / P126_3
びわこレストランROKU
びわこレストラン ロク

古い町家で滋賀の恵みを味わって

　江戸末期に建てられた醤油問屋を改装したフレンチレストラン。野菜ソムリエの資格を持つ吉川シェフがこだわり抜いた食材は、野菜をはじめ肉なども滋賀県産と質を追求。ホテル勤務時代に磨かれた腕で、素材の美味しさを最大限に引き出した料理を提供する。平日限定のランチは盛りつけも鮮やかで、デートや女子会などで楽しめそう。店内は重厚な趣があり、落ち着いたひとときが過ごせる。

☎0749・62・6364
長浜市元浜町11-23
11:00～16:00(LO/平日14:00、土日祝15:00)
17:30～20:00(LO) ※ディナーは予約のみ
木曜休　全席禁煙　完全個室有　P無

KID'S DATA
子ども可／子どもメニュー有／子どもイス有

平日限定20食のランチプレート1944円。たっぷりの野菜と、肉や魚介が一皿に

気軽に寄ってください！

MAP / P124_1
道次商店
どうじしょうてん

地元で愛されてきた味を孫が継承

　約70年にわたり地元で愛されてきた餅と和菓子の店。現在は先代の孫の彩矢果さんが味を受け継ぐ。彩矢果さんは京都の洋菓子店で修業した経験を活かし、手作りの和菓子とともに卯の花クッキーやシフォンケーキなども手がける。きび砂糖やなたね油、海水100％の天日塩など、体にやさしい素材を使うことを心がけている。店を開くのは木・金・土曜日と1週間に3日間だけなので、予定を合わせ訪れたい。

☎0749・62・0489
長浜市永久寺町448-4
9:00～17:00
木～土曜のみ営業
全席禁煙　完全個室無　P5台
Facebook／道次商店で検索

KID'S DATA
子ども可／子どもメニュー無／子どもイス有

塩味が利いた餅とあんこが好相性のおはぎ各140円。あんこ、きなこ、きなこあん、ごまの4種

MAP / P126_3
glük duft
グリュック ドゥフト

夫婦が作る、幸せになれるパン

「グリュック＝幸せな、ドゥフト＝香り」という店名だけあって、店内はいつも焼きたてパンの香ばしい香りに包まれている。ドイツで修業した辻井さん夫婦が切り盛りするアットホームな雰囲気で、店にいるだけで"幸せ"な気分になれそう。パンはライ麦パン生地のメロンパンなど、オリジナルを追求。職人肌の主人と、新作アイデアがどんどんとひらめく奥さんとの二人三脚で、リピーター続出！

☎0749・62・6133
長浜市大辰巳町36
9:00～19:00　月曜、第2日曜休
イートイン可　P有
http://ameblo.jp/gluck-kappe/

クロワッサン160円やレモンのリュスティック180円など、ナチュラルな店内にパンが並ぶ

1.カシスと赤ワインソースでいただく長浜産鹿もも肉のロースト3024円（冬季限定）。3日前まで要問い合わせ　2.煮込み野菜ソースが良く合う鹿肉が詰まったトルテッリ。生パスタランチ2400円より。要予約

1

2

MAP / P126_3
PASSO
パッソ

選び抜かれた湖北の美味を一堂に

作り手たちの思いが詰まった地の野菜や肉、魚。生産者とゲストとの架け橋になりたいと情熱を注ぐオーナーシェフの押谷さんが湖国の恵みをふんだんに活かしたイタリアンを披露する。自らハンターライセンスも取得し、時期になれば湖北の山で収穫された鹿やイノシシのジビエも登場。四季折々の表情を魅せる店内空間と、厳選食材とシェフの真摯な思いが生む滋味深い料理の数々に心打たれる。

☎0749・65・6255
長浜市八幡東町291
11:30～14:00(LO)
17:30～22:00(LO／21:00)
要予約　火・第1水曜休
全席禁煙　完全個室無　P3台
http://www.passo-os.com/

KID'S DATA
子ども応相談／子どもメニュー応相談／子どもイス有

Natural & Soft style

太鼓判の家

家に帰ったとたんに、ふうっと心からリラックスできるような温もりのある木の家。ふんだんに無垢の木を使うことで、家のなかで森林浴をしている気分に。優しい色や風合いは暮らすほどに味わい深くなり、家族と一緒に成長していく…つくりは頑丈だけれど、そこに漂う空気はとても柔らかです。

Design & Smart style

南高田の家

木の質感を生かしながらも、白を基調にすっきりとモダンなデザインに仕上げた空間。リビングから繋がる広々としたテラスや、庭の緑が見えるバスルームなど まるでリゾートホテルのような、ちょっぴり贅沢な雰囲気です。友だちを招いてホームパーティを…。そんな理想の楽しみも、我が家のなかで。

Shabby & Chic style

八幡東の家

味わい深い素材と上品な質感、木のぬくもりやアンニュイなテイストを備えた「シャビーシックスタイル」。スモーキーな塗り壁の色合いに、ヘリンボーンの個性ある無垢の床材。こだわりの詰まった世界、好きなモノに囲まれた空間で休日をゆっくり過ごす、そんなイメージを実現しました。

Green shop

LIFESTYLE WITH PLANTS
& COCORONE

Reform & Green

リフォームのショールーム

「その家らしい」より良い暮らしをご提案
お住いの問題点を解消し、居心地の良い暮らしを。
一歩先を考えた、住みやすく、暖かく涼しい家へ

株式会社 大塚工務店

お客様のご希望のテイストに合わせたご提案を致します

当社では、トータルコーディネートにてお住いのご提案を行います 現地調査・ライフプランインタビュー・FP相談・コンセプト・ライティング・家具・外構等全ての提案を行います

営業種目	□住宅関係工事　新築住宅／増改築／リフォーム／外構工事　□一般建築工事　□官公庁工事／事務所／店舗／医院／工場／倉庫 □その他　各種インテリアコーディネート／ロゴ制作／パッケージデザイン／グッズ制作（当社のグラフィックデザイナーによるご提案）／宅地分譲・各種不動産売買・各種解体工事
所在地	□本社　長浜市八幡東町40番地　0749-63-4520　　□リフォームショールーム＆グリーンショップ　長浜市八幡東町40番地　0749-63-4521（定休日：水曜日） □太鼓判の家住宅展示場　長浜市公園町2番19号　0749-63-0048（定休日：水曜日）　□八幡東の家住宅展示場　長浜市八幡東町　0749-63-4580（定休日：水曜日）

OTSUKA
CONSTRUCTION

おさえておきたい名店へ行こう

Suehiroハンバーグランチ1620円。運が良ければ近江牛ステーキ2400円が登場することも

MAP /P126_3
おにくや食堂 Suehiro
おにくやしょくどう スエヒロ

食堂感覚で気軽に近江牛を

　創業から約80年、長浜で愛され続けてきた「スエヒロ」の三代目がオープンした肉食堂。「もっと美味しいお肉を知ってもらいたい！」との思いから、高級な近江牛などが食堂スタイルで気軽に楽しめる。ランチは、肉の味がしっかりと堪能できる肉汁滴るハンバーグや、和風のすじカレーなど1080円～とリーズナブル。がっつりと肉を食べたい日にうってつけの1軒。

☎0749・62・0472
長浜市元浜町6-22
11:00～14:30(LO)
火曜休　全席禁煙
完全個室無　P無
http://www.onikuyasyokudou-suehiro.jp/

KID'S DATA
子ども可／子どもメニュー無／子どもイス有

外観は味のある佇まい。店内に明治生まれの伝統菓子が並ぶ。復刻版レトロ缶堅ボーロ1200円

MAP / P126_3
元祖 堅ボーロ本舗
がんそ かたボーロほんぽ

素朴で上品な味わいが広がる銘菓

　明治27年の創業以来、愛され続ける堅ボーロの店。小麦粉生地を二度焼きし、砂糖＆生姜でコーティングしたカリッとした食感と生姜の風味が特徴。宮内庁御用達の伝統和菓子としても知られる。そのほか昭和30年代に打ち上げた人工衛星を模した球体のボーロ最中「宝の露」はボーロの中に餡が入っていてユニークな形と味わいが人気。1個200円。

☎0749・62・1650
長浜市朝日町3-16
8:00～18:00　無休
イートイン不可
P2台
http://www.katabo-ro.com/

58

SHIGA | 長浜

あまいろ（150ml）520円は杉樽三年、はいざくら（150ml）420円は杉樽二年仕込みの濃口醤油。ラスクは260円

ぶらっと遊びにお越し下さい

長い歴史を感じる蔵と店舗は、江戸期に建てられたもの。七本鎗純米酒1295円（720ml）が人気

MAP / P126_5
ダイコウ醤油
ダイコウしょうゆ

井戸水と自家製麹が生む相伝の味

　160年余年の歴史を重ねる醤油醸造所。鰻の寝床奥に設えた工房では、伝統製法を受け継ぎ醤油作りが行われる。中庭の井戸から水を汲み上げ、蒸した大豆と煎った小麦を混ぜて麹を作ることから始まり、昔ながらの杉樽でじっくり歳月をかけ熟成。6種類の商品に加えて、どんな料理にも合う白だし醤油も販売予定とか。たまりせんべいやラスクも人気だ。

☎0749・82・2012
長浜市木之本町木之本1137
9:00〜20:00
不定休
P6台
http://www.daikou-shoyu.com/

MAP / P126_5
冨田酒造
とみたしゅぞう

480年余の伝統を継承する老舗酒造

　創業1534年、清酒「七本鎗」の蔵元。現在十五代目蔵元が地元米と水にこだわり、昔ながらの製法の酒造りを継承する。仕込みから瓶詰めまで全て手作業で行うため大量生産しないのが信条。湖北の篤農家と酒米の契約栽培を始めるなど、新たな取り組みも進めている。酒造りの工程で生まれる酒粕で石けんを作るなど、日本酒の魅力を発信している。

☎0749・82・2013
長浜市木之本町木之本1107
9:00〜18:00
火曜休
P無
http://www.7yari.co.jp/

ちょっとお土産も忘れずに《

プレミアム合鴨ロース（合鴨肉315g）5400円は、通常よりひと回り大きい合鴨を使用

MAP / P126_3
一湖房
いっこぼう

鮎と合鴨の二大看板メニュー

呉服店を営んでいた先代が、祖母が作った鮎の佃煮を京都の得意先回りに持参したことが評判となり、佃煮の専門店としてオープン。鮎がオフシーズンとなる秋以降にと考案した合鴨ロースが、鮎の佃煮に負けない看板メニューとなった。人気の合鴨ロースをはじめ、家でも焼きたての鴨が食べられる、ステーキ鴨（145g）1512円など商品も多彩。季節で変わる商品を求めて、シーズンごとに立ち寄りたい。

☎0749・65・3978
長浜市三ツ矢元町11-20
9:30〜17:30
日曜、祝日休
P4台
http://www.ikkobou.com/

MAP /P126_3
親玉 本店
おやだま ほんてん

「饅頭の親玉」と評された銘菓

創業は天保年間。以来約180年、長浜の地で愛される和菓子店。地酒を使った風味豊かな親玉饅頭は創業当時から好評で、宮内省にも献上された品。江戸時代に領主から「饅頭の親玉なり」と評価されたことからその名が付いたのだとか。厳選した北海道産小豆を使った自家製餡は、あっさりとした上品な味わい。桜餅やいちご大福など季節の生菓子も人気。

たっぷりのこし餡を薄皮で包んだ親玉饅頭103円。重量はあるが軽く食べられる

☎0749・62・0213
長浜市元浜町22-33
8:30〜18:00
不定休
イートイン不可
P無

MAP /P126_5
菓匠 禄兵衛 木之本本店
かしょう ろくべえ きのもとほんてん

伝統の味からモダン和菓子まで

大正15年の創業時から親しまれている、自家栽培のよもぎを使用した名代草餅。滋賀羽二重糯米ならではのやわらかな食感と上品な甘さの粒餡が絶妙な逸品だ。また他にも、味はもちろん見た目や包装などにもこだわったモダンな和菓子や、地元の素材を使用した商品も数多く取り揃っている。

近江名物・でっち羊羹もおすすめです！

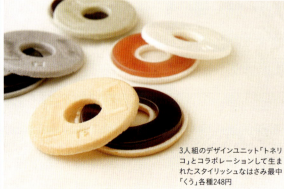

©photo by asakawa satoshi

3人組のデザインユニット「トネリコ」とコラボレーションして生まれたスタイリッシュなはさみ最中「くう」各種248円

☎0749・82・2172
長浜市木之本町木之本1087
9:00〜18:00
無休
イートイン不可
P有
http://www.rokube.co.jp/

60

最も密度の高い街 彦根

洋食・雑貨・焼き菓子・居酒屋。この街に行けば大抵のことは楽しめる。それも揃いも揃ってエッジの効いた個性派ばかりだ。城下町らしい老舗が残る一方で、若手の進出も止まらない。どこまでも進化を続ける、新旧共存の街へいざ。

プチプチ弾けるキヌアの食感がアクセント。親戚の自家菜園や[小林ファーム]の元気な野菜が山盛りで、シェアして食べるのにぴったり

炙りホタテとキヌアのマリネ 1100円

ソルトブッシュラムのラベンダーロースト 2500円

海のミネラルを豊富に含んだソルトブッシュを食べて育つ、オーストラリア産のラム肉を使用。ラベンダーの香りで臭みを和らげている

本日は、ベーコンとうまい葉のキッシュ、イベリコ豚のチョリソー、きのこのシェリービネガーマリネ、近江鶏のガランティーヌなど盛り沢山

前菜8種盛り合わせ 1000円（写真は2人前）

器もひとつひとつこだわりました

MAP / P126_4
dub plate
ダブ プレート

関東仕込みの腕前を遺憾なく発揮

実力派の洋食店が相次いで開店する彦根にあって、またも話題になりそうな一軒が登場。東京や横浜で約10年のキャリアを積み、地元に戻ったオーナーシェフが、「滋賀で生まれた食材の感動を伝えたい」と昔ながらの町家を舞台にビストロをオープン。近江八幡の[小林ファーム]の無農薬栽培野菜など、信頼のおける生産者の特選素材を使用して、ボリューミーで気取らないアラカルトを披露してくれる。器にも信楽焼を使うなど、地元愛を忍ばせる。

☎0749・24・2070
彦根市大橋町18
18:00～24:00(LO／23:00)
月曜休
時間により禁煙(18:00～22:00)
完全個室無
P5台

KID'S DATA
子ども応相談／子どもメニュー無／子どもイス無

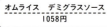
オムライス デミグラスソース 1058円

ケチャップライスの上でフルフル揺れる半熟のオムレツは卵3個分。牛肉と野菜をコトコト煮込んで作ったデミグラスソースは絶品

以前はサッカー選手だったという、意外な経歴をもつオーナーシェフの辻さん。現在は愛嬌たっぷりの奥さんと二人三脚で店を営む

SHIGA | 彦根

ホテルのレストランなどで20年の修業を積んだシェフ・島田さんと奥さん。気取らない店作りでオープン直後からリピーターが絶えない

月替わりランチ1500円のオードブル(左)とメイン(真ん中)の一例。ボリューム、味はもちろんのこと、美しい盛り付けにも思わずうっとり

真鯛の昆布じめ
ランチ1500円より

MAP / P126_4
洋食 SHIMADA
ようしょく シマダ

通いたくなる街の洋食店

　一流ホテルのフレンチなどで経験を積んだオーナーシェフ・島田さんによる洋食店。島田さんは輝かしいキャリアを持つにも関わらず、「身近な存在でありたい」という想いから、"洋食"という名を店名に冠した。オードブルにメイン、ドリンクまでついて1500円のランチや、和のエッセンスを取り入れ、日本人に親しみやすい味付けに仕立てた料理にも、名ばかりではない島田さんの想いが見て取れる。

☎0749・33・0637
彦根市後三条町288　Nasu23 B
11:30〜15:00(LO／14:00)
17:30〜21:30(LO／20:30)
月曜休　全席禁煙　完全個室無　P10台
Facebook／洋食 SHIMADAで検索

KID'S DATA
子ども可／子どもメニュー有（キッズプレート1000円）／子どもイス有

仔牛のロースト
2200円

宮崎産桜鶏の
香草焼き

仕上げに「切り出し七輪」で炙って炭火の香りをまとわせる。香ばしい風味とワサビ醤油ソースが食欲をそそる

MAP / P126_4
Kitchen RIZUKI
キッチン リヅキ

王道メニューにオリジナリティをプラス

　彦根の若手洋食店のなかでも、リピート必至の実力店。フレンチやイタリアンで長年修業を積んだシェフの作る洋食は、オムライスやタンシチューなど、王道ながらどれも印象深い味わいだ。多賀産の野菜や[原養鶏所]の卵、東近江産の米「みどり豊」など地元素材にこだわり、デミグラスソースは1週間かけて煮込むなど、一切妥協無し。ひと口食べれば、シェフの実力とその丁寧な仕事ぶりを感じるはず。

KID'S DATA
子ども可／子どもメニュー無／子どもイス無

彦根の[MILK HOUSE]ほか、イタリアンやフレンチの店で14年経験を重ねた緒方さん。店名は子どもたちの名前に由来している子煩悩パパ

☎0749・47・5576
彦根市後三条町488-4
11:30〜14:30(LO　14:00)　18:00〜22:00(フードLO　21:00、ドリンクLO 21:30)　火曜休　時間により禁煙(11:30〜14:30)
完全個室無　P8台
http://rizuki.com／

ワインの品揃えも
豊富です

63

MAP / P126_4
Caro Angelo
カーロ アンジェロ

町家の中は花と雑貨の宝箱

　彦根ではお馴染み、商店街の中でも異彩を放つフラワー&セレクトショップ。町家空間を彩る無数のドライフラワーや、キーパーに入れず陳列する切り花など、ディスプレイにもセンスの良さを感じる。1F奥にはシンプルで使い勝手の良い日用雑貨、2Fには国内のデザイナーによる一点物のアパレルなどが所狭しと並ぶので、無目的でも十二分に楽しめる。

1.アパレル中心の2F。ハンドペイントによるオリジナルプリントの[masaco.]、グラフィカルな[macromauro]のウォレットが人気　2.アンティークな色合いが美しい花材をはじめ、1Fには磁器作家のイイホシユミコさんによる温かみのあるプロダクトの器を陳列する

☎0749・20・2224
彦根市河原2-2-26
11:00〜20:00、日曜〜19:00
水曜休　P2台
http://caroangelo.shop-pro.jp/

滋賀の歴史や民話に関する本も多数。棚でひしめく背表紙が、次の読み手を待っている

MAP / P126_4
半月舎
はんげつしゃ

ぎっしり詰まった本棚は宝の山！

　商店街の一角に佇む、雑貨店とも見紛う古本屋。上川さんと御子柴さん・2人の店主による魅惑の棚作りが、本好きの知的好奇心を満たしてくれる。地元の人を中心に持ち込まれた本は、雑誌や絵本、歴史書、小説など幅広く、店の片隅では、デザイナーでもある上川さんがパッケージを手掛けた食品なども販売する。宝探し気分で古本の世界を訪ねよう。

☎0749・26・1201
彦根市中央町2-29
12:00〜19:00
水・木曜休
P無
http://hangetsusha.com/

1.牧谷窯の器は、染付ではなく粘土を練り込んで作る個性的な柄に驚かされる。練り込み5寸皿3240円　2.手にした時に驚くほどしっくりと馴染む、八田亨さんの三島手飯椀3240円　3.北陸地の女性作家の集まりによるプロダクト[ETOETOTEATO]の栃の木の皿。(Sサイズ)2700円　4.まるでホーローのような質感に惹かれる河原崎優子さんのマグカップ各2700円

MAP / P126_4
The Good Luck Store
ザ グッド ラック ストア

日常を幸せにする器と道具

　「丁寧に作られた、ストーリーのあるもの」がセレクトの基準。日本の器作家の作品や鮮やかなアジアのストールなど、店主・中山さんの守備範囲は国内にとどまらず、未知の手仕事に出合うきっかけを与えてくれる。個性豊かな道具たちには目移りするばかり。中山さんにセレクトの逸話を聞きながら、エピソードごとお気に入りの一点をみつけたい。

☎0749・20・9529
彦根市中央町2-30
11:00〜19:00
水曜休、他不定休有　P無
http://thegoodluckstore-shop.com/

64

SHIGA | 彦根

&Anne
&アン

老舗和菓子店が手掛ける複合ショップ

センスのよい雑貨やリトルプレス、洋菓子、そしてアートギャラリーも備えた複合ショップ。入り口左手のショーケースには、ファーブルトンやカヌレなどフランス伝統菓子のほか、シュークリームといったお馴染みのスイーツが並ぶ。和菓子の老舗[菓心おおすが]がプロデュースと聞けば、より一層興味をそそられる。

☎0749・22・5288
彦根市中央町4-35
10:30～18:00
水・木曜休　イートイン不可
P15台
http://www.and-anne.com/

1.外はカリッと、中はしっとり。独特の食感が楽しいカヌレは、フランス・ボルドーの郷土菓子。ふわりと香る洋酒がアクセント　2.クリームはカスタードと生クリームをミックスして軽い口当たりに。やわらかいシュー皮がなんとも懐かしく、優しい味わい

カヌレ 227円
シュークリーム 130円
手みやげにもおひとつどうぞ

菓子工房 フクモト
かしこうぼう フクモト

幸福感たっぷりなマフィンたち

人気店[イタリア食堂 FUKUMOTO]で、デザート担当だった奥さんが手掛ける焼き菓子がズラリ。なかでも代表作のマフィンは、ひと口頬張ればふんわりした食感と上質なバターの風味、そしてバニラビーンズの香りが広がって幸せ！自家製ジャム入り、チョコレートなど20種以上のラインナップから、毎日7～8種が並ぶ。

☎0749・47・6780
彦根市小泉町1027
12:00～18:00
木～土曜のみ営業　イートイン不可
P15台（共用）
http://fukumoto77.com/

1.生地の底にオレンジの身を潜ませ、マフィンの上にもコンポートのオレンジをオン。チョコレートの風味とも相性抜群　2.洋ナシのコンポートをたっぷりのせて焼いたタルト。サクサクで香ばしいタルト生地とコンポートとのコンビネーションが絶妙

ショコラオレンジのマフィン 300円
洋ナシとラズベリーのタルト800円（12cm）

プリン 250円
シュークリーム 200円

1.バニラが香るプリンは、口にいれると滑らかなのにしっかりとした舌触り。カラメルのほろ苦さとのバランスも絶妙　2.シュー皮のザクザクとした食感を大切にしたいと、軽くて上品な甘みのクリームは注文を受けてからひとつずつ注入する

タルト 360円～

1.スコーンはプレーン180円、その他200円。ビスコッティやスコーンといったおなじみの焼き菓子は、ひと口食べればほっと心がほどける。スローなおやつタイムにぴったり　2.有機栽培で育った季節のフルーツを焼き込んだタルト。甘みがたっぷり感じられ、見た目もかわいらしい。どこか懐かしい味わい

violet
ビヲレ

ケーキの枠にとどまらないパティスリー

リバーサイド橋本通りにある洋菓子店。[クラブハリエ]出身のオーナーが作り出すのは、シンプルだけど繊細な仕事を感じさせるお菓子。また、近隣のワインショップとともにワインバーを開催するなど、イベントにも尽力する。週末には旬の食材を使用したキッシュも登場し、活動の幅は広がるばかり。

☎0749・49・3372
彦根市河原2-1-13
11:00～19:00
金曜～22:00
水・木曜休　全席禁煙
完全個室無　P2台

季節のお菓子とおやつ gatto
きせつのおかしとおやつ ガット

余分なものを省いてシンプルに

元洋裁店のレトロな佇まいが似合う素朴な風味の焼き菓子。作っているのは、猫(gatto)好きのオーナー・井上さん。自身の出産を機に、余計なものを使わないシンプルな焼き菓子に心が向かうように。アルミニウムフリーのベーキングパウダーや有機栽培のフルーツなど材料を厳選し、一つずつ丁寧に焼き上げる。

☎0749・22・0058　彦根市銀座町7-1
11:30～16:00※売り切れ次第終了
金曜のみ営業　イートイン可
全席禁煙　完全個室無
P有（1000円以上の利用で平和堂銀座店の駐車場無料）
http://gattonogateau.com/

MAP / P126_4

市場の食堂
いちばのしょくどう

鮮度抜群の海鮮丼を市場プライスで

海なし県の滋賀県で魚離れを食い止めようと、卸売市場内にオープンした海鮮丼の専門店。入荷したての新鮮な魚を安価に提供してくれるから、マグロやカンパチ、海老、イクラなど7種類もの海の幸をのっけた海鮮丼がなんと690円。時には北海道産のうに丼など、スペシャルな一品が登場することも。地元で大きな評判を呼び、開店前に行列ができることもしばしば。12時半以降が狙い目だ。

☎0749・25・3600
彦根市安食中町327
彦根総合地方卸売市場内
11:00〜14:00(LO／13:30)
水曜休　全席禁煙
完全個室無
P40台

KID'S DATA
子ども可／子どもメニュー無／子どもイス無

海鮮丼
690円

客の6割以上がオーダーするという海鮮丼690円。この日は海老、ヒラメ、イカ、サーモン、マグロ、カンパチ、イクラの7種類

MAP / P126_4

中国料理 招禄
ちゅうごくりょうり しょうろく

繊細な技を感じる本格四川中華

中華の神様・陳建民の孫弟子にあたり、本格四川料理の名店・銀座[桃花源]などで修業を積んだ西村シェフが地元で独立。四川料理をメインに、得意の麻婆豆腐は黒糖でコクを出した辛くないものからカレー風味のものまで、多彩な6種類を用意する。また、辛さの中に光る繊細な味付けの料理や、精巧な盛り付けにもプロの技が光る。夜のコースは2800円〜と、本格的な中華をお値打ちで楽しめる嬉しい一軒だ。

☎0749・22・7116
彦根市河原2-2-6
11:30〜15:00(LO／14:30)
17:30〜22:00(LO／21:00)
月曜休(祝日の場合は翌日)
禁煙席有　完全個室有　P優待有
Facebook／招禄で検索

KID'S DATA
子ども可／子どもメニュー有／子どもイス有

本場四川麻婆豆腐
890円

魅惑の黒酢豚
980円

2
1.中国香酢やバルサミコ酢、ブドウ果汁を合わせた濃厚なタレが絶品。豚バラをロール状に巻くことで、噛むほどに旨みが溢れ出す　2.ピーシェン豆板醤や自家製ラー油、四川山椒でガツンと辛味を利かせつつ、甜麺醤の旨みで食べやすさをプラスした本場の逸品

八宝菜
842円

酢豚
842円

1.旬の野菜を引き立てるあっさりとした塩味が年齢層問わず人気。豚肉に海老、イカ、ホタテなど海鮮を贅沢に盛り込んだ王道メニュー 2.食感を残し仕上げる玉ねぎやピーマンなどの野菜とともに、ジューシーな豚肉の唐揚げをケチャップベースで絡める広東風

MAP / P126_4
中国料理 龍鱗
ちゅうごくりょうり りゅうりん

駅前の本格中国料理店

　創業37年の中国料理店。洗練された空間では、ベテラン料理長が腕を振るう広東ベースの本格中華が味わえる。季節ごとに旬の食材を加えて仕立てるディナーのコース料理や、100種類以上ものアラカルトメニュー、お得なランチセットと、楽しみ方は無限大。近江牛ロースのX.O醤炒めなど、滋賀ならではの食材を使用したメニューもおすすめ。

☎0749・24・3570
彦根市旭町9-11 石原ビル5F
11:00～15:00(LO／14:00)
17:00～23:00(LO／22:00)
不定休　禁煙席有
完全個室有　P有

KID'S DATA
子ども可／子どもメニュー有／子どもイス有

サーロインステーキに、牛肉をやわらかく蒸し上げた握り寿司や牛肉の蒸し造りなどが味わえる人気メニュー

近江牛懐石
華扇6800円(サ別)

MAP / P126_4
千成亭別館 華見
せんなりていべっかん はなみ

古き良き日本家屋で味わう極上肉

　創業から約80年、自家農園や[まるさん牧場]にて肥育した、極上の近江牛を提供し続ける[千成亭]。未経産の牝牛限定で、30ヵ月以上じっくりと育てた近江牛の味は格別だ。元呉服商だったという、江戸時代の蔵を活かした空間を訪れるだけでも心が躍る。梅やツツジ、山茶花など、季節毎に彩りを変える日本庭園を眺めながら、老舗の味を堪能したい。

☎0749・26・4129
彦根市河原2-2-25
11:30～14:30(LO)
17:00～22:00(LO／20:30)
水曜休　禁煙席有
完全個室有　P20台
http://hanami.sennaritei.co.jp/

KID'S DATA
子ども可／子どもメニュー有／子どもイス無

八郎鯖寿司
2268円

へべすの小田巻蒸し
2160円

1.宮崎県日向市産のへべす果汁を使った、へべすの小田巻蒸し2160円(3～4人分)。へべすの幅広い用途を示す 2.へべすの皮と果肉を挟んだ、八郎鯖寿司2268円。八郎鯖の産地の宮崎県延岡市は女将の出身地で、日向市観光大使なども務めてきた

MAP / P126_4
日本料理 水幸亭
にほんりょうり すいこうてい

宮崎と滋賀の食材による美味の饗宴

　創業80年の老舗[魚忠]がプロデュースする日本料理店。地元の食材を使った和食に加え、女将の出身地である宮崎県の希少食材を使った料理が楽しめる。刺身でも食べられる延岡産の八郎鯖寿司やしゃぶしゃぶ、日向名産の酢みかんであるへべすを使ったゼリーなど、宮崎の味覚がズラリ。滋賀と宮崎の美味なる饗宴を、多彩な料理で楽しもう。

☎0120・26・1686
彦根市西今町567
10:00～22:00
平日ランチ11:30～13:30(LO)
月曜休
禁煙席無　完全個室有　P有
Facebook／水幸亭で検索

KID'S DATA
子ども可／子どもメニュー有／子どもイス有

社長盛
972円～

おばんざいの盛り合わせ
8種1382円

その日に仕入れた鮮魚を見栄えよく盛りつけた、ユニークなメニュー名の刺身盛り。オーダーは2人前から。部長盛と課長盛もある

鶏の甘酢炒め、ナスの揚げびたし、近江鶏ハムなどを日替わりで盛り付け。3種盛り734円～のほか、単品421円でもオーダーできる

カキの産地食べ比べ
3種1200円～

1.産地によって旨みの異なる牡蠣を食べ比べできる、専門店ならではの逸品
2.店の入り口に堂々と置かれた軽トラックがインパクト大。荷台には各地から届いた大粒の貝が出番を待っている

MAP / P126_4

鮮魚と炉端焼き 魚丸
せんぎょとろばたやき うおまる

高知直送の鮮魚と極上の日本酒を

高知名物・かつおの藁焼きなど、囲炉裏で炭焼きする炉端焼きスタイルが評判。店主の故郷から直送される四国の幸が、どれも新鮮で旨みが凝縮されている。魚料理に合わせたい日本酒は、地元の酒匠[さざなみ酒店]がプロデュース。醇酒、薫酒、爽酒と、特徴別にお酒が分類されているので、自分の好みの味を選びやすい。日本酒デビューにもおすすめの一軒だ。

☎0749・21・2442
彦根市旭町7-21
18:00～24:00(LO／23:00)
金・土曜、祝前日～翌1:00(LO／24:00)
日曜休(月曜が祝日の場合は翌日)
禁煙席無　完全個室有　P無

KID'S DATA
子ども可／子どもメニュー無／子どもイス無

鴨ネギ
300円

焼き鳥の5種盛り合わせ648円

皮や砂ズリなど、人気部位の盛り合わせは日替わり。鴨肉は店主自らが猟で仕留めた天然ものを使用

ささみの燻製
540円

ヒッコリーのチップの香りでお酒がすすむ自家製燻製。通常のメニューのほか、リクエストにも快く応じてくれる気前の良さが魅力

MAP / P126_4

貝鮮 まるき
かいせん まるき

産地の食べ比べが楽しい貝専門店

彦根駅から徒歩5分。北海道の仙鳳趾や岩手の釜石、兵庫の室津など、季節に合わせて全国から取り寄せる牡蠣をはじめ、多彩な貝を堪能できる専門店。無菌牡蠣や電解水で除菌した貝を造りで新鮮に味わえるほか、卓上のコンロで楽しむ焼き貝も評判だ。近江の地酒を中心に揃える日本酒や、カウンター以外全席個室で過ごせる使い勝手の良さも魅力的。

☎0749・27・7201
彦根市古沢町字沢町216-1
17:30～24:00(LO／23:00)
月曜・第2日曜休
禁煙席無　完全個室有
P20台
http://www.kitaya2011.com/

KID'S DATA
子ども可／子どもメニュー有(事前対応)／子どもイス有

MAP / P126_4

やきとりまんま工務店
やきとりまんまこうむてん

店もタレもすべてが手作り

昼間は大工をしている店主が、隣のテナントを工事した縁で物件を譲り受け、焼き鳥店をオープン。大工の腕とかつての料理人の経験を活かし、内装や細かな設え、自家農園で育てた米や野菜、鮒寿司に至るまですべてを手作りする。メインの焼き鳥は歯応えのよい国産ひねや大山地鶏を使い、備長炭で焼き上げる。仕上げはもちろん自家製の秘伝のタレで。

☎0749・24・4516
彦根市岡町103-2
18:30～24:00(LO)
日・月曜、祝日休
禁煙席無
完全個室無　P20台

KID'S DATA
子ども可／子どもメニュー有／子どもイス無

SHIGA | 滋賀の穴場 多賀

MAP / P125_2
奥山の癒し処 風緑
おくやまのいやしどころ かざみどり

地産地消にこだわった氷とそば

「河内の風穴」の前で夏に行列ができるかき氷屋の店主がカフェをオープン。店内は黒壁と窓の光景のコントラストが美しく、自然美を楽しめる癒しの空間。メニューは多賀産のそば粉を使った手打ちそばや河内の天然水で自家製氷したフワフワのかき氷が自慢。多賀人参や丹波の黒豆を材料にした6種類の自家製おつは、一度食べると美味しさの虜に。

☎090・8932・1390
犬上郡多賀町河内610
11:00〜15:00 土・日曜、祝日、
7月20日〜8月31日10:00〜16:00
火・水曜休（祝日の場合は営業）
全席禁煙（喫煙スペース有）
完全個室無 P8台

KID'S DATA
子ども可／子どもメニュー無／子どもイス無

もりそばと天ぷらのセット1190円。発芽にんにくと旬の地元野菜を米油で揚げた天ぷらは、野菜の美味しさに感動する客も多いとか

河内の天然水を48時間かけて凍らせた氷を使用。フルーティーな甘さで人参が苦手な人でも食べられると好評。多賀人参のかき氷400円

MAP / P125_2
河内風穴
かわちのふうけつ

スリル満点の神秘的な鍾乳洞へ

県の天然記念物指定の「河内風穴」は、総面積1544㎡もあり、日本屈指の規模を誇る鍾乳洞。高さ1mほどの入口からはひんやりとした風が吹き、奥に入ると55万年前にできた自然の造形が広がり、その光景は圧巻。洞内は小洞が複雑に入り組んだ4層構造であり、その昔、鍾乳洞がどこへ繋がるかを確かめるために、犬を入れたら三重県側から出てきたという言い伝えも。スリル満点の1層目と2層目の一部のみ見学が可能。

☎0749・48・0552
犬上郡多賀町河内宮前
夏期9:00〜16:30（最終受付）
冬期〜16:00（最終受付）
無休（雨天積雪時は見学不可）
大人500円
5歳〜小学生300円
P40台（90分400円）

滋賀の穴場
多賀

一見の価値あり！

多賀と言えば、古くから「お多賀さん」の名で親しまれる[多賀大社]。しかし、地元滋賀の人でもあまり行ったことがない穴場があるのはご存じ？気分はちょっとアドベンチャー。その帰りには新旧グルメもお忘れなく。

岩肌が歴史を物語る壮大な大広間。洞内は1℃程度であり、夏は涼しく冬は暖かい。見学は歩きやすい靴で

ちょっとたちよりスポット

湖北産小麦の全粒粉などを使ったキビザトウドーナツ210円。秋には季節メニューもお目見え

MAP / P126_4
wäkkaya BREAD & DOUGHNUT
ワッカヤ ブレッド＆ドーナツ

愛らしい小店のパンとドーナツ

神奈川の天然酵母パンの名店で修業した店主が、多賀大社前駅前で営むパンとドーナツの店。北海道産の小麦を使ったドーナツとカンパーニュ（ホール）1200円が人気。天然酵母を使って低温でゆっくり発酵させたパンは自然な甘さが特長。平日限定のサンドイッチ550円〜は売り切れ必至。

☎0749・20・1045
犬上郡多賀町多賀1322-8
10:00〜17:00※売り切れ次第終了
月・火曜休、他不定休有
イートイン不可 P無
facebook
WAKKAYAで検索

赤と青の三本線は蒙古軍の旗色が由来。襲来を免れたことを祝い御神前に供えたのが始まり。糸切餅10個入り670円、15個入り975円

MAP / P126_4
ひしや
ひしや

手づくりを守り続ける糸切餅の老舗

多賀大社門前にある明治創業の老舗店。創業当初から手づくりを貫く名物の糸切餅は、赤と青の三本ラインが特徴。刃物を使わずに三味線の糸で切ることから名付けられた。杵つきの餅ときめの細かいこし餡が上品な味わいで、いくつでも食べられそう。予約がベター。

☎0749・48・0068
犬上郡多賀町多賀711
8:30頃〜15:00頃
（売り切れ次第終了）
7月初旬〜9月初旬休
イートイン不可
P有

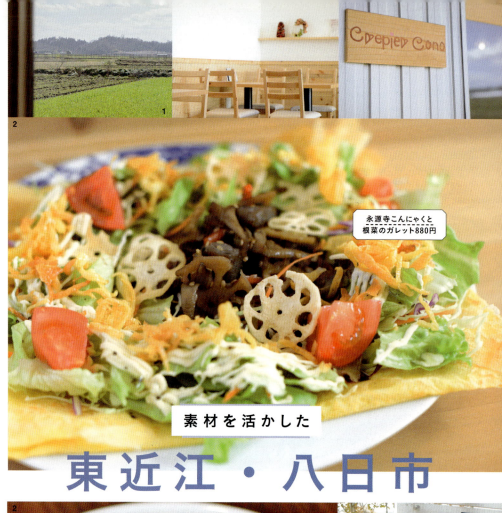

1.木製家具を置いた優しい雰囲気の店内。窓から外を見ると広がるのはのどかな田園風景。穏やかな気持ちになれる隠れ家的なスポットだ　2.米粉の生地の上に、レンコンやニンジン、もみじ舞茸などの野菜や永源寺こんにゃくがゴロゴロ。地元の恵みを丸ごと頬張って

永源寺こんにゃくと根菜のガレット880円

素材を活かした
東近江・八日市

MAP / P127_8
Cafe Crepier Cono
カフェ クレッピエ コノ

日本食のような親しみやすいガレット

　永源寺米の米粉を100％使ったクレープとガレットが好評。本来そば粉を使用するガレットは、米粉を用いることでアレルギー体質の人でも楽しめるようにとの配慮がなされている。トッピングには永源寺こんにゃくと根菜、地元特産のもみじ舞茸など、永源寺の風土が育てた味が盛りだくさん。お米本来のもちもちとした食感が活きる生地とともに頬張れば、本格的なごはんとおかずになりそうだ。

☎0748・27・0147
東近江市山上町2927-1
10:00～18:00
水曜休　全席禁煙
完全個室無
P7台
Facebook／クレッピエ コノで検索

KID'S DATA
子ども可／子どもメニュー有（キッズクレープ生クリーム380円、Wクリーム430円）／子どもイス無

1.地元で60年以上の歴史を持つ[蒲生工務店]がプロデュースした空間。剥き出しの鉄筋梁やスチール製のライトでシンプルモダンな空間に　2.天然飼料で育った若鶏のミネラル豊富な卵や、厳選したココナッツシュガーを使用し上品な味わいに。14時以降のカフェメニュー

IYOMONフレンチトースト864円

地場野菜、永源寺米、永源寺こんにゃく、卵や小麦に至るまで、とにかく素材に恵まれた東近江地域。そんな素材一つとっても、作る人が違えば味わえる美味しさも千差万別。時にはフレンチやビストロで、時にはスイーツや定食で、地元の恵みを堪能しよう。

MAP / P127_8
IYOMON いよもんカフェ
いよもんカフェ

地元素材をランチでもスイーツでも

　無機質な素材と木のフレッシュ感が生み出すモダンな店内は、ゆったりしたソファー席も用意された、居心地のいい贅沢な雰囲気。地元で採れた新鮮な野菜を彩りよくたっぷり用いたランチ1080円～や、パティシエこだわりのスイーツが味わえる。ハンドドリップのオーガニックコーヒーをはじめ、職人がひとつずつ袋詰めした紅茶など、ドリンクにもこだわり十分。淹れたての豊かな風味を楽しんで。

☎0748・55・8550
東近江市市子川原町716-2
ランチ11:00～14:00
カフェ14:00～17:00（LO／16:30）
日曜、祝日休　全席禁煙（テラス席のみ喫煙可）
完全個室無　P15台
http://iyomon.wix.com/cafe

KID'S DATA
子ども可／子どもメニュー有／子どもイス有

口にした瞬間ふわっと溶ける軽い食感で、甘さ控えめのチーズケーキ。どこか懐かしい味わいが長年地域の人々に愛されている

キャラメルチーズケーキ
(直径15cm) 1200円

MAP / P127_8

八菓市庭縁 いせとう
ようかいちていえん いせとう

老いも幼きも目を輝かせるスイーツ

　八日市ICを降りてすぐの場所にある、創業30年余の洋菓子店。店内は3年前にリニューアルし、洗練された装いとなったが、子どもから大人まで愛されてきた味はそのまま。店内には季節のフルーツをふんだんに使ったケーキやロールケーキ、定番のチーズケーキが並ぶ。桜並木に沿って造られた庭園のテラスでイートインも可能で、ゆったりとした時間を過ごすことができる。

☎0748・23・0881
東近江市中小路町494-1
9:30～19:00
不定休　イートイン可
全席禁煙　完全個室無
P30台
Facebook／八菓市庭縁 いせとうで検索

KID'S DATA
子ども可／子どもメニュー無／子どもイス無

1.お酒とレモン汁に漬け込んだバナナをチョコレートで包んだバナナチョコや、ラム酒がしっかり利いたラムレーズンといった大人の味も　2.お店はJR能登川駅の近く。少し分かりにくい場所にあるにもかかわらず、連日行列ができる人気店。マフィンやカヌレも好評だ

ラズベリー、バナナチョコ、ラムレーズン 各270円

MAP / P125_2

Éclairer
エクレレ

美味しさの秘密は滋賀県産小麦

　見た目の可愛さにも心奪われるエクレアと焼き菓子の専門店。バナナチョコやラムレーズンほか、季節限定の味を含めるとエクレアは10種類以上。シュー皮の軽い歯応えは、手間暇かけた丁寧な仕事と滋賀県産の小麦のおかげ。さらに、地元のイチゴやブルーベリーのジャムを使ったクッキー、地元名物の丁字麩を取り入れた麩ロランタンなど、この土地の恵みが詰まっている。

☎0748・43・6225
東近江市垣見町754
10:00～20:00
日曜、祝日～19:00
水曜休　イートイン不可
P5台
Facebook／エクレレで検索

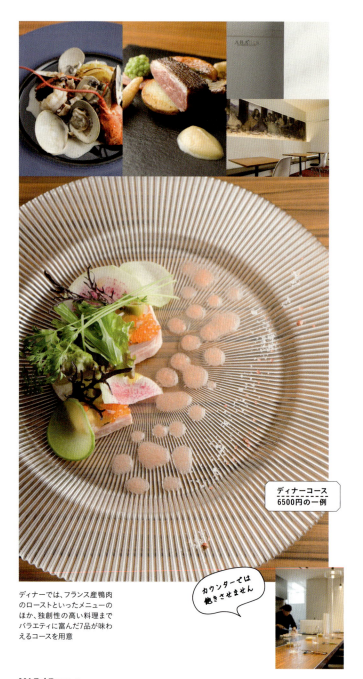

ディナーコース
6500円の一例

カウンターでは飽きさせません

ディナーでは、フランス産鴨肉のローストといったメニューのほか、独創性の高い料理までバラエティに富んだ7品が味わえるコースを用意

MAP / P125_2

ABARIS
アバリス

この場所ならではの独自フレンチ

「地域に適した食のあり方があるはず」という前川シェフ。バターはほとんど使わず、素材の味を活かした料理を多く提供し、近江鶏のほか、トウモロコシや万願寺とうがらし、モロヘイヤなど、地元の契約農家から届く身近な野菜たちを本格フレンチへと変化させる。オープンキッチンで料理ができあがっていく様子も見応えあり。そのライブ感が伝わって、味わう楽しみをどんどん膨らませてくれる。

☎0748・26・3587
東近江市躰光寺町428-3
12:00〜15:00(LO／13:00)
18:00〜22:00(LO／20:00)
火曜不定休　完全予約制
全席禁煙　完全個室無　P7台
Facebook／レストラン アバリスで検索

KID'S DATA
子ども不可／子どもメニュー無／子どもイス無

海老と蛸の
アヒージョ918円

新鮮なタコやエビ、地元の旬野菜をたっぷり使ったオイル煮。この一品を求めて訪れるファンもいるほど。ワインと味わいたい一品

MAP / P127_8

LA COCOTTE
ラ ココット

地元素材で作るココット料理

旧[大津プリンスホテル]や有名レストランの支配人などを経験した店主が、「地元でアットホームに楽しめるバルを」とオープン。地場の野菜や牛肉、琵琶湖のアユやワカサギといった川魚、近江米などを使用し、フレンチベースの季節感溢れる欧風料理を提供する。昼はワンプレートに12種類のプチココット料理が盛り付けられるランチ1458円が好評。夜はお酒によく合うバルメニューが豊富に揃う。

☎0748・25・5139
東近江市八日市本町4-8
11:30〜15:00(LO／14:00)、
18:00〜翌1:00(LO)
土曜昼、水曜休
時間により禁煙(11:30〜15:00)
完全個室無　P6台

KID'S DATA
子ども可／子どもメニュー有(予約のみ)／子どもイス有

SHIGA | 東近江・八日市

野菜は可能な限り自家栽培のものや国産を使用。滋味深く優しい味わいに、毎日通うファンもいるほど。温かいごはんを詰めてくれる

地元の農家の野菜を使った体がよろこぶ定食。日替わりのおかず6品に、小豆を混ぜ3日間寝かせた酵素玄米ごはん、スープ、漬け物付き

MAP / P127_8

BENTO.
ベント

管理栄養士が作るバランス弁当

　管理栄養士が手掛ける、素材の味を活かしたヘルシー弁当が人気。弁当は日替わりや唐揚げ、生姜焼きなど常時4種類で、日替わり弁当は600kcal以内に抑えるなど、無理のないダイエットにも役立ちそう。ガッツリ満足感のある唐揚げや生姜焼きも、塩分と野菜の摂取量に配慮があるのがうれしい限り。土曜日限定で子ども向けにミニ弁当400円も販売するので、仕事も家事も休みたい日のママにもおすすめ。

☎0748・26・2954
東近江市外町1357
10:30〜15:00
土曜〜14:30※売り切れ次第終了
日曜、祝日休　イートイン不可
P3台　http://www.gf-bento.jp/

MAP / P127_8

でこ姉妹舎
でこしまいしゃ

体が本当に求めるものに気づく定食

　京都の人気店が、オーガニックコーヒーや完全菜食の料理が味わえるショップとして八日市で再出発し、2016年夏新たにお引っ越し。美味しい地元野菜をたっぷり使った人気の定食のほか、無農薬大豆の豆腐を使った豆腐ブラウニーや、卵と乳製品不使用のラムフルーツとくるみのケーキなど、精進メニューが充実。日々の暮らしを見つめなおすトークイベントなども不定期で開催している。

☎0748・43・0370
東近江市中野町649
※2016年8月下旬移転オープン予定
11:00〜18:00(LO)
日・月曜休　全席禁煙
完全個室無　P2台
http://dekosimaisha.shiga-saku.net/

KID'S DATA
子ども可／子どもメニュー無／子どもイス有

焼まんじゅう
(1個) 50円

もっちりとした薄皮に北海道産小豆の粒あんがぎっしりと入っている。「子どものおこづかいでも買える値段で」と1個50円にこだわる

いつでも寄ってってね〜！

お子さんがアレルギー体質だったことから、毎日の食事はもちろん、おやつも手作りにしていた市田さん。以前は料理教室を開いていたそう

MAP / P127_8

焼まんじゅう 菴
やきまんじゅう あん

モチモチの皮の中に愛情たっぷり

聞き慣れない"焼まんじゅう"とは、1日で600個、多い時で800個も売れるという、地元では有名な普段着のおやつ。大判焼きにも似ているが、皮がやや薄くモチモチとしており、ベーキングパウダーではなく重曹で焼き上げている。特筆すべきは自家炊きのあんの美味しさ。「ふっくらと仕上がるから」という理由で暑い夏でも薪かまどで炊いているんだそう。これで1個50円とは驚愕の値段！

☎0748・48・7003
東近江市五個荘北町屋町103-1
10:00〜18:00
※売り切れ次第終了、電話予約可
不定休
イートイン不可
P有

地元の恵みを一度にサンド

東近江バーガー
1600円

A5ランクの近江牛を筆頭に、東近江の地野菜や地卵を近江米の米粉パンでサンドする、オーナー自慢の一品。自分で焼く体験ができるのも人気の理由

特産品コーナーも設置され、幻の銘茶といわれる「政所茶」や、もっちり弾力のある「永源寺こんにゃく」、近江の地酒などを販売する

MAP / P127_7

道の駅 奥永源寺渓流の里
みちのえき おくえいげんじけいりゅうのさと

地元野菜や肉の個性派グルメに注目

平成16年に閉校した政所中学校の旧校舎をリノベート。愛知川の源流や琵琶湖に棲息する淡水魚を"小さな水族館"として展示するほか、地元素材を用いた惣菜や野菜の販売コーナーも併設している。また、季節によって鹿肉や猪肉、イワナのフライなどがトッピングされる「永源寺ダムカレー」や、近江牛100%のパテを客が自ら炭火で焼くことができる「東近江バーガー」などを目当てに訪れる人も続出。

☎0748・29・0428
東近江市蓼畑町510
4〜11月　9:30〜17:30
12〜3月　9:30〜16:30
火曜休（祝日の場合は翌日）
イートインスペース有（1店舗のみ）
全席禁煙　完全個室無　P45台
http://www.okueigenji-keiryunosato.com/

KID'S DATA

子ども可／子どもメニュー無／子どもイス無

74

大人の社会見学

大人だって楽しみたい！学びたい！そんな思いを叶えてくれる施設見学を紹介。
童心を思い出してはしゃいだり、ビールや日本酒に舌鼓を打ったりと、それぞれの楽しみ方を探して。

MAP / P126_3
ヤンマーミュージアム
ヤンマーミュージアム／長浜

心躍る体験型ミュージアム

［ヤンマー］創業100周年を記念しオープンした体験型ミュージアム。都市・大地・海洋という3つのフィールドで培われてきた技術をゲーム感覚で楽しみながら学ぶことができる。大人には子どもが体験できない建機シミュレーターがおすすめ。プレジャーボートの船舶シミュレーターも人気だ。屋外には足湯もあり。

建機シミュレーターは土・日曜、祝日など繁忙期のみ当日先着順の予約制。150cm以上の身長制限有

☎0749・62・8887
長浜市三和町6-50
10:00～18:00(受付～17:00)
月曜休(祝日の場合は翌日)
※2016年8月15日営業、8月17日休
https://www.yanmar.com/jp/museum/

所要時間／60～120分
予約方法／予約不要(団体は要予約)
入場料／大人600円、小・中学生300円、未就学児無料

MAP / P126_4
キリン滋賀 おいしさ体感ファクトリー
キリンしが おいしさたいかんファクトリー／多賀

見て、さわって、味わえるツアー

ビールの「一番搾りうまさの秘密体感ツアー」と、清涼飲料の「午後の紅茶ツアー」の2種類の工場見学が楽しめる。ものづくりにかける想いや美味しさのこだわり、ペットボトル商品の作り方、社会貢献活動などをじっくり見学できる。できたての生ビールや「午後の紅茶」など、キリン製品の試飲も楽しみのひとつ。

☎0749・48・2810
犬上郡多賀町敏満寺1600
9:00～17:00
月曜　館内禁煙(喫煙場所有)
P10台
http://www.kirinfactory.jp/siga

所要時間／「一番搾り」ツアー70分、「午後の紅茶」ツアー90分　予約方法／電話、HP　入場料／無料　開催日／「一番搾り」ツアー10:30～、14:00～、15:00～、「午後の紅茶」ツアー10:00～、13:30～　定員／「一番搾り」ツアー40人　「午後の紅茶」ツアー20人　※未成年者および車・バイク・自転車を運転の方、妊娠中や授乳期の方は飲酒不可

不思議な超巨大トリックアートがスタンバイ。楽しい記念写真をたくさん撮ろう！

MAP / P125_2
UCC滋賀工場
ユーシーシーしがこうじょう／愛知川

コーヒーができる工程を学べる

リキャップ缶とペットボトルコーヒーの製造過程が見学できる、参加型アトラクションのようなツアー。映像でコーヒーの木の栽培を観賞し、近未来のような扉を抜けて工場内へ。ライブカメラを通して品質管理の検査が見られ、検査担当者とモニター越しに会話ができるなど、なかなか体験できない内容が魅力的。

製造方法が異なるコーヒーの飲み比べや、写真シールの撮影など楽しい企画もスタンバイ

☎0120・811・288
愛知郡愛荘町愛知川1343
問い合わせ10:00～16:00(土・日曜、祝日を除く)
全館禁煙　P約18台
http://www.ucc.co.jp/factory/sgf/

所要時間／約80分　予約方法／HP※団体は曜日、人数に関わらず電話で予約受付　入場料／無料　開催日／毎週火・木曜※他の曜日も実施有。詳しくはHPにて／10:00～、13:00～(受付／開始30分前より)　定員／22人

MAP / P125_2
岡村本家
おかむらほんけ／犬上郡

地元の恵みと風土による銘酒

彦根藩主・井伊大老の命により酒造りを始めて160年。近江米100%で仕込む銘酒［長壽 金亀］の酒蔵見学が好評に。米洗いから麹づくり、仕込み、木槽袋搾りまで、江戸時代から続く酒造りを、蔵元の杜氏が丁寧に説明。10～3月末までは、まさに仕込み中の様子を見ることができる。また、酒蔵ホールでは年に数回、落語会も開催。

☎0749・35・2538
犬上郡豊郷町吉田100
8:00～17:00　不定休
イートインスペース有
全館禁煙　P約60台
http://kin-kame.dx.shopserve.jp/

所要時間／30～60分　予約方法／電話　入場料／無料　開催日／随時、団体は予約　定員／80人

六代目の岡村博之さん自らが酒蔵見学を案内してくれる。発酵食品を活かしたカフェを併設

長屋カフェめぐり
近江八幡

豊臣秀次によって開かれた城下町。琵琶湖水運の要衝として造られた「八幡堀」や近江商人の発祥の地として知られる。今でも築100年を越える長屋などが数多く残り、風情ある街並が楽しめる。ほっと安らぐひとときを求めて、近江八幡を訪れませんか。

自家製のハムやピクルス、古代米を活かして作るひろうすなど、健康的なすいらん定食1300円

靴を脱いでリラックス。どこか懐かしさを感じる座敷席では庭を眺めながら食事ができる

MAP / P128_10
古代米 すいらん
こだいまい すいらん

心身がほっとできるレトロな味処

築150余年の趣ある古民家に6軒のショップ&ギャラリーが集まる[尾賀商店]。こちらでは古代米を使った健康的な定食を提供している。白米より栄養豊富な古代米を活かした献立は、ヘルシーな味わいで心と体を魅了。小麦粉やベーキングパウダーを一切使用しない米のシフォンケーキ450円などや。古代米パン160円、有機生姜のジンジャーシロップ、生野菜をシンプルに漬けるピクルスの素も販売する。

☎0748・32・5567
近江八幡市永原町中12
尾賀商店内
12:00〜18:00(LO／17:30)
木・金曜休　全席禁煙
完全個室無　P8台
http://www.oga-showten.com/

KID'S DATA
子ども可／子どもメニュー無／子どもイス無

76

SHIGA | 近江八幡

MAP / P128_10
Cafe Cache
カフェ カシェ

癒しの和空間でハチミツ料理を

かつて寺子屋だった江戸時代の建物をほとんど改装せずに活かしたこちら。近江八幡に惚れ込んだオーナーが営むカフェは、手入れが行き届いたレトロな空間で落ち着いたひとときが過ごせる。野菜や雑穀、伝統食材などを用いたハチミツ料理が味わえ、ランチは手羽肉を煮込んだ自家製ブイヨンをベースにした美肌スープ付きの日替わりプレートランチのみ。ハチミツを使った自家製スイーツもあるので気軽に立ち寄って。

☎0748・43・0218
近江八幡市為心町上20
11:30〜17:30(LO／17:00)
ランチ要予約　不定休
全席禁煙　完全個室無　P1台
Facebook／Cafe Cacheで検索

KID'S DATA
子ども不可／子どもメニュー無／子どもイス無

ハニーフルーツシャーベットは6月中旬〜9月下旬の限定品。ひと口食べればやさしい甘さの虜に

女性に嬉しい美肌スープ付きの日替わりプレートランチ1380円

地元作家の雑貨も販売、2Fギャラリースペースでは展覧会やワークショップを開催している

週替りランチ1080円。この日は鶏となすのココナッツ煮とキッシュなど。デザートは+230円〜

MAP / P128_10
ティースペース茶楽
ティースペースさらく

八幡堀に寄り添う寛ぎの空間

城下町の面影が残る八幡堀に沿いに佇むカフェ。築170年の土蔵を活かした風情溢れる店内で近郊の野菜をふんだんに使った手作りの味を味わえると人気。胡麻油が香ばしい豆腐きんぴら丼や、キーマカレーなど多彩にあるメニューの中で、評判なのが彩りも美しい平日限定の週替わりランチ。ボリュームあるメイン料理に多彩な副菜が付き大満足の内容。紅茶やデザートメニューも充実している。

☎0748・47・7980
近江八幡市佐久間町17-1
11:00〜17:00
※ランチ売り切れ次第終了
日・月曜、祝日休
全席禁煙　完全個室無　P15台
http://chakapokosaraku.shiga-saku.net/

KID'S DATA
子ども可／子どもメニュー無／子どもイス無

近江牛のかっぱ焼丼（スープ付）1200円はボリューム満点でお腹も満足

MAP /P128_10
Rizes 近江八幡バル
リゼス おうみはちまんバル

ソムリエ厳選のワインを気軽に

常時50種類ほどのワインを揃えるワインバルは「誰もが笑顔になれる店にしたいから」と、グラス600円〜で楽しめる気軽さが魅力。ソムリエの資格を持つ店主厳選のワインのお供には、野菜を中心に地元産食材を盛り込んだアラカルトがスタンバイ。前菜やパスタなども充実するので、軽く一杯からしっかりごはんまで使い勝手も自由自在。

KID'S DATA
子ども可／子どもメニュー無／子どもイス無

☎0748・36・0745
近江八幡市鷹飼町656-2
17:30〜24:00（LO）
不定休　全席禁煙
完全個室無　P無
Facebook／Rizes 近江八幡バルで検索

バーニャカウダ1200円。滋賀県産の季節の野菜がたっぷり

MAP /P128_10
風来居
ふうらいきょ

懐かしさを感じながら心和む場所

八幡堀散策前後に立ち寄りたいアットホームな町家カフェ。靴を脱いであがる座敷の席は、思わず長居してしまう居心地のよさ。近江牛のロコモコ丼や近江牛の牛すじカレーなど、地元の素材を使ったランチや手作りのケーキとともにゆっくり一服。夜は箸が進む一品と地酒を楽しめる昼とはまた違った大人の空間に変身。中庭の緑を眺められる席もあり。

KID'S DATA
子ども可／子どもメニュー無／子どもイス無（座敷席）

☎090・2282・9199
近江八幡市仲屋町元5
11:30〜18:00(LO／17:30)
不定休
全席禁煙（喫煙スペース有）
完全個室無
P1台

とろけるような食感の、牛ほほ肉の赤ワイン煮込み1800円〜

鮒寿司の食材として珍重される、じょぎ(ニゴロブナ)の刺身700円。11〜5月に登場

MAP / P128_10
おはな
おはな

近江のご馳走を元漁師の店で

店主の出身は琵琶湖に浮かぶ沖島。しかも、元漁師という肩書の持ち主だけに、魚介料理の実力は間違いなし。琵琶湖固有種であるウロリのつくだ煮やコリコリ食感のじょぎの刺身など、届きたて×捌きたての地元郷土料理が満載。しかも、日本酒は近江八幡の「権座」などの地酒が中心というから、遠来の客をもてなす接待の席で喜ばれるのも頷ける。

KID'S DATA
子ども可／子どもメニュー無／子どもイス無

☎0748・33・2714
近江八幡市鷹飼町1572-2
17:30〜24:00
日曜休（事前予約で営業可）
禁煙席無
完全個室無　P2台

SHIGA | 近江八幡

MAP / P128_10
逢茶 あまな
ほうさ あまな

老舗の甘味を古き良き空間で堪能

　折り鶴彫刻がかわいい欄間や、趣あるガラス窓など大正建築を活かした甘味処。古き良きものを残す和モダン空間で創業153年[和た与]の和菓子をごゆるりと。長年愛される銘菓でっち羊羹は、もっちりとした食感と上品な甘さ。このほか、あつあつ揚げういろといったアレンジを加えたメニューや、自家製ほうじ茶ムースとでっち羊羹の相性がたまらない朝宮ほうじ茶パフェも人気。季節のパフェも登場予定。

☎0748・32・5295
近江八幡市大杉町12
11:00～17:30(LO／17:00)
火曜休、不定休有
全席禁煙
完全個室無
P無

KID'S DATA
子ども可／子どもメニュー無／子どもイス無

フレッシュハーブと共にいただく自家製のレモンバーム入りパウンドケーキのセット750円

MAP / P128_10
酒游舘
しゅゆうかん

歴史ある酒造の蔵でティータイム

　享保2年(1717)に創業した近江八幡唯一の蔵元[西勝酒造]。かつては外部の人が入ることのできなかった酒蔵をリノベーションしてカフェをオープンした。さまざまな作品展示やイベントが開催され、地元の人々が集うサロンとして愛され続けている。酒造りにも使われる天然水と有機栽培豆で淹れるコーヒーは格別の味。手作りスイーツ、食事メニューのほか酒蔵の風情を感じながら利き酒を楽しめるセットもあり。

KID'S DATA
子ども可／子どもメニュー無／子どもイス無

☎0748・32・2054
近江八幡市仲屋町中6
10:30～17:00　火曜休
全席禁煙(喫煙スペース有)
完全個室有　P15台
http://www.shuyukan.com/

でっち羊羹orういろ餅、飲み物4種類から選ぶいっぷく700円。でっち羊羹、自家製ほうじ茶ムースなどを盛り付ける朝宮ほうじ茶パフェ840円

定番の大根216円、トロトロの半熟卵216円。鰹や鯖などから取る上品なダシも美味

MAP / P128_10
鮮魚とおでん 陽と月
せんぎょとおでん ひとつき

おでんの創意、店主の思い熱く

　一品料理としてのおでんを追求する店主は「おでんにはまだ発展の余地がある」と語る。例えば、看板メニューの近江牛ホルモン378円は、注文が入ってからダシで軽く焚き、塩とブラックペッパーで供するといった具合。食材ごとに煮込み時間を変えるなど、割烹顔負けの仕事を加える。肉厚の鯖を使った鯖きずしも人気で、滋賀の地酒との相性もいい。

KID'S DATA
子ども可／子どもメニュー有／子どもイス有

☎0748・43・0604
近江八幡市鷹飼町
北4丁目4-10
17:30～24:00(LO／23:30)
月曜休　禁煙席無
完全個室有　P25台(共用)

ローカル線で行く

水口・日野

田園風景の中をガタンゴトンと音を立てて走るローカル線、近江鉄道。
本数は少ないけれど、乗ってみて分かる良さがある。美味しい店やそこで暮らす
人々とのステキな出会いを求めて、週末は気ままな小トリップへ。

のんびり行こう

MAP / P128_9

カフェ・雑貨 らっこや
カフェ・ざっか らっこや

地域の人に愛される集いの場所

近江商人の文化と街並みが残る日野町に魅せられた五百木さん夫婦。「いろんな人が自由に集い、居心地よく過ごしてもらえたら嬉しい」と、築150年の歴史をもつ元商家を改装。手廻し焙煎のコーヒーや手作りケーキ、ランチを楽しめるカフェをオープンした。地元作家の作品を展示、販売するギャラリーや、ヨガ教室、器づくりなどワークショップの会場としても開放されている。スケジュールはHPをチェック！

☎090・8457・8848
蒲生郡日野町大窪674
11:30～18:00
木・金曜休、他不定休有
全席禁煙　完全個室無　P4台
http://raccoya.jp/

KID'S DATA
子ども可／子どもメニュー無／子どもイス無（座敷有）

座敷でゆっくりしてくださいね！

こだわりの材料で作るシフォンケーキはコーヒーとセットで800円。温もり感じる店内でゆっくりと

80

SHIGA | 水口・日野

一口食べたら忘れられない昔ながらの味

あられ（100g）220円。種類豊富で目移りするが、全種試食可なのでじっくり選びたい

MAP / P128_9
藤あられ本舗
ふじあられほんぽ

県外ファンも多い懐かしのあられ

スコップですくい取って袋に詰めたあられを量り売りする、あられ工場併設の直売所。添加物は使わず、地元産の羽二重糯を玄米から精米するなど、昔ながらの丁寧な製法を今も貫く。定番の醤油のほか、チーズやマヨネーズ、キムチ味など、用意したあられは30種類とバラエティ豊か。自宅用はもちろん、県外からご進物用にと訪れるファンも多い。

☎0748・52・0318
蒲生郡日野町河原499-2
9:30～18:00
第1・3・5日曜休
イートイン不可
P10台

MAP / P128_9
谷野製麺所
たにのせいめんじょ

地元人御用達のシンプルな名物麺

昭和レトロな風情を残す、製麺所を兼ねた食堂。一般的なメニューの中で一際人気を集めているのが「スヤキ」。テレビでも紹介されたこちらは、ラードで炒めた中華麺に具材はモヤシとネギのみというシンプルなもの。ソースや醤油など自分好みの味付けにカスタマイズができ、ボリュームがあってリーズナブル。ほとんどの人がオーダーする名物に！

KID'S DATA
子ども可／子どもメニュー無／子どもイス無

名物スヤキ300円（大400円、特大500円）。丼とセットで800円～。元々は学生向けメニューだったそう

☎0748・62・2488
甲賀市水口町城内8-12
11:00～17:00
日曜、祝日休
禁煙席無
完全個室無
P2台

手作りのオレンジタルト530円や国内産ハイビスカスティー400円をゆったり味わって

MAP / P128_9
nora café
ノラ カフェ

田園風景に溶け込む温かい空間

真っ白い壁に高い天井、木のテーブルなど随所にこだわりが感じられる田園カフェ。店内にはゆったりとした時間が流れ、街の喧騒から離れた静かなひとときが過ごせます。炭火焙煎コーヒー400円～を注文すれば、好みのカップが3種類から選べるというのも嬉しい趣向。手作りスイーツやトマトの水分だけで作るスパイシートマトカレー800円もおすすめ。

KID'S DATA
子ども可／子どもメニュー無／子どもイス無※ベビーカー可

☎0748・62・1157
甲賀市水口町酒人292-9
11:30～21:00
(LO／20:30)
水曜休　全席禁煙
完全個室無　P5台
Facebook
Nora caféで検索

一晩じっくり蜜漬けした小豆を丁寧に炊き上げ、だるまの形にかたどった、銘菓「七転八起」1個162円。外はしゃりっとしており、あっさりと食べられる人気商品の1つ

和菓子屋が作る和風ろーる 小倉ロール一本箱入り864円

MAP / P128_9

御菓子司 大彌 水口店
おんかしつかさ だいや みなくちてん

老舗店が作る和スイーツに注目

　明治10年の創業以来、約130年以上愛され続ける和菓子店。昔ながらの製法を引き継ぎ、手作りにこだわる一方で、斬新なアイディアで和洋の素材を使った菓子も販売。なかでも、小倉羊羹とクリームをカステラ生地で包み込んだ小倉ロールは、ユニークな断面やあっさりとした甘さで評判に。季節の生菓子も多く、夏は白玉ぜんざい357円が人気。

☎0748・62・0909
甲賀市水口町綾野3-59
9:00〜19:00
無休
イートイン不可
P8台
http://www.daiya.info/

MAP / P128_11

炭火焼 とりや
すみびやき とりや

淡海地鶏尽くし×ワインに酔う

　淡海地鶏を使った鶏料理と店主自らが県内外のワイナリーに足を運んで厳選したワインとのマリアージュに出会える一軒。フレンチの修業を積んだシェフが腕を振る料理には、さっぱりとした脂と弾力のある肉が特徴の淡海地鶏のほか、近江野菜や地元の食材を使用。モンゴル岩塩や3年熟成の醤油など調味料にもこだわり、旨みを最大限に引き出している。

KID'S DATA
子ども可／子どもメニュー無／
子どもイス無※ベビーチェア1台有

☎0748・63・7087
甲賀市水口町虫生野中央72
17:30〜24:00（LO／23:00）
不定休　全席禁煙
完全個室無
P3台（近隣にコインP有）
http://toriya-kibukawa.net/

フォアグラと淡海地鶏の美味しさを香り豊かに楽しめる自家製スモーク三種盛り1706円

淡海地鶏の白肝とフォアグラパテ1058円。希少な極上白肝を堪能できる人気のメニュー

定番人気のフロマージュ420円。オリジナルブレンド490円は、ケーキとセットで50円引きに

ケーキ、クッキー 珈琲豆はお持ち帰りできます

MAP / P128_9

蔵四季
くらしき

炭火焙煎珈琲の香りに癒される

　いぶし瓦に白壁の蔵造りの建物、英国製アンティーク家具で統一された店内、丁寧に一杯仕立ててドリップする珈琲…。今年で23年目を迎えたこちらの喫茶店は、大人をキュンとさせる上品な要素が溢れている。季節のケーキも好評で、8月には大粒ブルーベリーをたっぷりのせた特製タルトが登場。キノコのドリアなど珈琲付きのランチ1080円もぜひ。

KID'S DATA
子ども不可※6歳未満の喫茶の利用は不可
／子どもメニュー無／子どもイス無

☎0748・62・8959
甲賀市水口町水口624-1
10:00〜19:00（LO／18:30）
ランチ11:00〜14:00
月曜、第1火曜休（祝日の場合は翌日）
全席禁煙　完全個室無　P15台
http://www.kura-shiki.com/

82

キッズの遊び場にも！

理想的な家　快適な暮らし

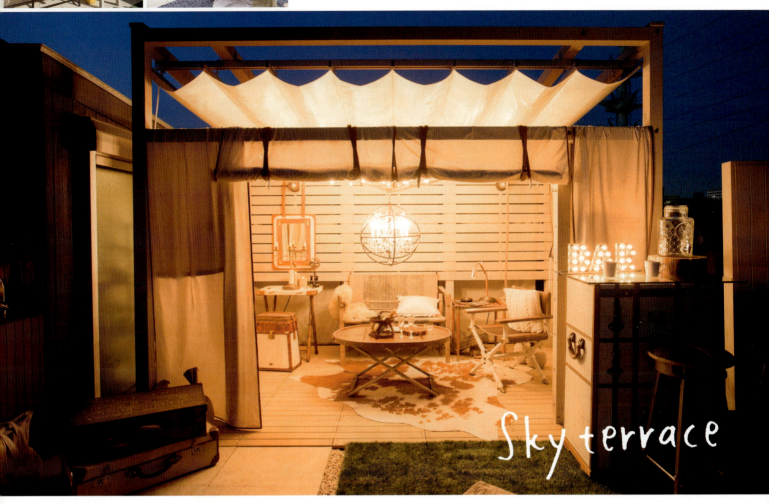

Sky terrace

昼と夜で雰囲気が変わる！

MODEL HOUSE

モデルハウスで実際に見てみよう

日枝モデルハウス
湖南市岩根日枝山手台
15街区10画地
10:00〜17:00
P3台

ガイオス株式会社
0120・37・5103
湖南市岩根中央3-72
9:00〜18:00
水曜休
P5台
http://www.gaios.co.jp/

自由自在な屋上庭園で　暮らしに彩りを

　もしも自宅に屋上庭園があったら、青空の下で友人とのBBQや、子どもが思い切り遊ぶ傍らでママ友と家カフェ、バーカウンターを作って星を眺めながらお酒を飲み、さらにはテントを張って自宅にいながらアウトドア気分を満喫してみたい。そんな理想が叶う家づくりを提案してくれるこちら。屋上緑化分野でトップクラスのシェアを誇る［東邦レオ］とタイアップし、資材の流通コストを削減するため、瓦屋根とほぼ同じ価格で憧れの屋上を作る事ができる。夢のマイホームで、彩りのある暮らしを手に入れて。

憧れのジャグジー！

MAP / P128_9

JAこうか
ジェイエーこうか

上品な日本茶の香りが広がるジャム

山林や丘陵地に恵まれ、朝夕の気温差が激しい甲賀市内は、県内屈指の茶どころが点在するエリア。とはいえ近年では茶葉から淹れて飲む人が少なく、「良質な近江の茶をもっと身近に感じてほしい」と、無添加瓶詰メーカーの[セルフィユ軽井沢]とのコラボで、近江の茶を使ったユニークなジャムを開発したそう。ハチミツとレモンが入った水あめ状のタイプと、練乳が入ったミルキーなラテタイプがある。

朝宮の煎茶や土山のかぶせ茶を使った緑茶ジャム594円、緑茶ラテジャム648円、ほうじ茶ジャム594円、ほうじ茶ラテジャム648円 ※この他、花野果市石部店、花野果市貴生川店などでも販売

[JAグリーン花野果市]
☎0748・62・0711
甲賀市水口町水口6111-1
9:00〜18:00
無休 P有
http://ja-kouka.shinobi.or.jp/

信楽へ行こう

湖南の山奥、焼き物の町として知られる信楽。信楽焼だけでなく、お茶や蕎麦も特産品のひとつ。知れば知るほど興味深い信楽の魅力に触れて。

信楽を訪れると、一面に広がる緑鮮やかな茶園に思わず目を奪われる。日本最古級の朝宮茶の産地とは、あまり知られていないかもしれない。標高400m、昼夜の気温差が激しい土地柄が茶栽培に適しており、その起源は1200年前といわれている。茶農家が一葉一葉摘み取った茶葉は良質で、香りとコクは日本でも最上級という。近年では茶葉を加工して丁寧に摘み取った茶葉は良質な、知られざるお茶の郷、信楽へ行こう。

MAP / P128_12

そば処 山久
そばどころ さんきゅう

そば好き、野球好きならぜひ一度

自家挽きそば粉で手打ちする喉越しの良い蕎麦が味わえる店。訪れる人の目当てはもう一つ、支配人を務める久保田さん。実はこの方、松井秀喜やイチローなど名選手のバットを作っていた現代の名工。麺棒作りでも技を発揮し、リタイア後の現在、いとこの山口さんと店を切り盛り。名人作の麺棒が生み出す打ちたて蕎麦と、野球トークを楽しみに訪れて。

☎無
甲賀市信楽町長野204
11:00〜15:00(LO)
金〜日曜、祝日のみ営業
全席禁煙
完全個室無
P30台(共用)

KID'S DATA
子ども可／子どもメニュー無／子どもイス無

福井県産玄そばを石臼で自家製粉。名人技が集約された麺棒で仕上げる香り高いざるそば900円

SHIGA | 信楽へ行こう

茶農家の自信作！
店舗内の厨房で
風味を大切に作っています

茶葉の風味を楽しめる抹茶のくるくるロール、煎茶のオトナロール各1405円。テイクアウト限定（要冷蔵）

MAP / P125_2
茶のみやぐら
ちゃのみやぐら

茶葉から自家製の茶スイーツまで

　茶農家が製造する朝宮茶と茶スイーツの直売店。贅沢に茶葉を使い仕上げる人気の自家製ロールケーキやプリン、アイスクリームなどどれも香り豊かな美味しさ。なかでも煎茶のオトナロールは渋みや旨みを感じる深い味わいに驚くはず。茶の専門家だからこそ生み出せる特別な味をお試しあれ。アイスクリーム＆プリンはイートイン可、スイーツ数量限定。

☎0748・84・0405
甲賀市信楽町下朝宮39-1
10:00〜18:00　第3火曜休（お菓子のみ火曜・第3水曜休）　イートイン可
完全個室無　P10台
http://www.chanomiyagura.com/

煎茶(100g)1000円、ほうじ茶(100g)500円、紅茶(50g)500円。気分に合わせて気軽に楽しみたい茶葉が揃う

ほうじ茶シロップ、煎茶シロップ各800〜。ラテに使ったりアイスやかき氷にかけても美味

MAP / P128_12
茶楽園
ちゃがらえん

栽培から加工まですべて自分の手で

　朝宮茶を扱う農家では珍しく茶葉の無農薬栽培を貫く相楽さん。もともと美容師だったが茶刈りの手伝いに通ううち、茶の魅力に惹かれこの道に。煎茶、ほうじ茶、番茶など丁寧に育てられた茶葉はどれもやさしい味がすると評判で、惚れ込んだファンからのオーダーが絶えない。夏はマルシェやイベントに出店。ほうじ茶かき氷など販売し人気を集めている。

☎090・3927・2371
注文は電話。またはFacebook、[Cafeあわいさ]にて
facebook／「茶楽園」で検索[Cafeあわいさ]
☎0748・60・2160
甲賀市信楽町長野903-2
11:00〜17:00　日・月曜休

パンダの焼き物が出迎える陶芸館。信楽焼だけでなく、世界の陶芸作品を紹介している

MAP / P128_12
滋賀県立 陶芸の森
しがけんりつ とうげいのもり

アート作品が点在する緑豊かな公園

　約40haの緑豊かな公園に、陶芸専門の美術館、信楽焼の製品を購入できる展示館、国内外の作家が滞在活動するスタジオ、地元の食材が味わえるカフェが点在。事前申込制の陶芸体験講座「しがらき学のススメ！」を通年で開催しており、プロの陶芸家による丁寧な指導のもと、自分だけの作品づくりを体験することができる。

☎0748・83・0909
甲賀市信楽町勅旨2188-7
9:30〜17:00
(陶芸館、信楽産業展示館の入館は〜16:30)
月曜休（祝日の場合は翌日）　P250台
http://www.sccp.jp/

自家製ソーセージなどオリジナルの味や、旬の野菜が活きる料理をお供にワインがすすむ

MAP /P129_15

ワイン食堂 agapé
ワインしょくどう アガペ

日常をリセットできる大人のバル

守山駅東口すぐという好立地にあり、仕事帰りなどに気軽に立ち寄りたい素敵バル。店内は、女性一人でも訪れやすい落ち着いた雰囲気で、種類豊富なオーガニックワインや、契約農家から仕入れる地元の新鮮野菜をたっぷりと味わえる料理が楽しめる。2ヶ月に一度、音楽ライブも開催。音とワインと多彩な料理に体を委ねて、心も体も満たされるリラックスタイムを過ごそう。

☎050・3412・8040
守山市浮気町300-15-5
グランドメゾン守山1F
17:30～24:00
水曜休　禁煙席無
完全個室無　P無
http://www.eonet.ne.jp/~runrun-pro/agape/

KID'S DATA
子ども可／子どもメニュー無／子どもイス無

美味しい人気店
栗東・守山・野洲

気軽なバルや野菜にこだわったイタリアン、ハンバーグやパスタ、中華や焼き肉など、ランチにディナーに使い勝手の良い店がひしめく栗東・守山・野洲エリア。ぺこぺこに空かせたお腹で訪れたい店と、とっておきのスイーツを紹介。

A5ランク近江牛と甲賀産の季節野菜が色鮮やかに饗宴。近江牛のタリアータはコースに+1100円

MAP / P129_13

aromatico
アロマティコ

シェフが惚れ込んだ旬野菜が主役

イタリアの星付きレストランで研鑽を積み、国内の名店でも腕を振るった古谷シェフが地元で店をオープン。シェフが惚れ込んだ甲賀の契約農家による完全無農薬栽培の旬の野菜や、近郊で採れる食材を活かした野菜が主役のコースを提供。素材本来の香りを大切にした四季折々の一皿はどれも力強い息吹を感じられるものばかり。ランチ2850円、ディナー3700円。月～水曜のディナーのみアラカルトもスタンバイ。

☎077・587・1125
野洲市三宅セノ井2536-1
11:30～14:00、18:00～21:00
木曜休　全席禁煙
完全個室有（個室利用料ランチ850円、ディナー1200円）　P10台
http://www.aromatico.info/

KID'S DATA
子ども可／子どもメニュー無／子どもイス無

SHIGA | 栗東・守山・野洲

MAP / P129_13

ビストロ20
ビストロニジュウ

昼も夜も恋しくなる大満足の洋食

　大阪でフレンチシェフとして腕を磨いた店主が念願の洋食店をオープン。昔ながらの製法で手間を惜しまず一から手作り。栄養バランスを考えながら手頃な価格でお腹いっぱいに満たしてくれるメニューを提供する。とろけるようなビーフシチューは頬肉を3時間煮込んだ自慢の逸品。地元産や自家栽培する無農薬の旬野菜を味わえるのも嬉しい。日替わりランチ、完全予約のディナーコースも人気だ。

☎077・596・5299
野洲市小篠原2101-2 風異音素ビル1-A
11:00～14:30（LO／14:00）
17:00～21:00（LO／20:30）
日曜休　全席禁煙
完全個室無　P2台
http://www.restaurant-bistro20.com/

KID'S DATA
子ども可／子どもメニュー無／子どもイス無

肉感たっぷりハンバーグ1300円、本格派ビーフシチュー2000円などボリューム満点＆絶品の美味しさ

6種の野菜たっぷり！アサリスープの旨み光るいろどり野菜のペペロンチーノトマト風味1080円

MAP / P129_15

魔法のパスタ
まほうのパスタ

地元で愛される家庭的なパスタ屋

　イタリアン激戦区大阪で長年修業してきたシェフによるパスタ店。昼夜ともに提供される約10種類のパスタとアットホームな雰囲気が魅力だ。おすすめのペペロンチーノはアサリスープを加えて、ひと味違う旨さがインパクトあり。サラダ、窯焼きパンとセットのランチ1380円、デザート付きプラス380円。高温で焼き上げるナポリ風生地のピザも甘いトマトをトッピングするマルゲリータなど約9種類1380円～が揃う。

☎077・584・5313
守山市守山2丁目16-38-101
下村ビル1F
11:00～15:00、18:00～22:00
水曜休　全席禁煙
完全個室無　P1台
http://mahounopasta.net/

KID'S DATA
子ども可／子どもメニュー無／子どもイス無

鶏ひつまぶし1420円は、甘タレの炙り焼きorあっさり風味のタタキ。生卵（＋80円）でまろやかに

MAP /P129_15
門前茶屋 かたたや
もんぜんちゃや かたたや

風情ある店内で至極の鶏料理を

　築180年、京から江戸へ向かう旅人の休憩所として愛された旅籠茶屋[堅田屋]の風情を残すダイニング。重厚な梁や柱、階段箪笥など、当時の面影を感じながら味わえるのはシャポーン鹿児島鶏を活かした料理。飼育農家が日本で一軒だけという無化学飼料で丁寧に育てた去勢鶏は、濃厚な旨みと程よい歯応えが特徴。ひつまぶしや、しゃぶしゃぶで堪能して。

☎077・514・1778
守山市守山2丁目2-55
9:30～22:00(LO／21:30)
月曜休
時間により禁煙(9:30～17:00)
完全個室有　P有
http://katataya.com/

KID'S DATA
子ども可／子どもメニュー無／子どもイス無

しゅんのランチ「望月」1080円。お造り、天ぷら、惣菜8種をワンプレートに盛り付けた人気のランチ。ご飯、汁物、ドリンク付き

MAP / P129_15
和・DINING しゅん
わダイニング しゅん

地野菜たっぷりの天ぷらを気軽に

　守山駅から徒歩5分。高価なイメージの強い天ぷらを、リーズナブルに堪能させてくれる穴場的な一軒。守山産の地野菜をふんだんに使ったメニューが多く、不動の名物は「さつまいもの天ぷら」。30～40分じっくりと油で揚げ、ホクホクの石焼きいものような食感に。落ち着いた掘り炬燵の店内は、ロールカーテンで間仕切りをして半個室としても利用できる。最大25人まで対応してくれるため、宴会などにも重宝しそうだ。

☎077・582・3195
守山市浮気町341-2
11:30～14:00(LO／13:30)
18:00～23:00(LO)
不定休　禁煙席無　完全個室無
P有(守山浮気郵便局P利用)

KID'S DATA
子ども可／子どもメニュー無／子どもイス無

SHIGA | 栗東・守山・野洲

1.和牛1頭から3%しか取れない極上ヒレ2300円。脂身少なく上品な味わい、適度な歯応えが特長　2.コシがあり独特の食感で魅了される盛岡冷麺980円。サイドメニューが充実しているのも嬉しい

MAP / P129_15

炭火焼肉 田尻 守山店
すみびやきにく たじり もりやまてん

厳選した黒毛和牛の極上肉を堪能

　全国各地の黒毛和牛A5ランクのみセレクト。なかでも、ヒレやサーロイン、リブロースなど評価の高い部位を選び抜き提供する。近江牛、前沢牛、米沢牛、神戸牛、宮崎牛など多彩な品揃えには驚き。地元野菜や名産醤油を使った手作り無添加ダレ、ヒマラヤ赤岩塩など肉の旨みを引き立てる脇役選びにも余念なし。さらには関西で数少ない樽生"調達人店"の称号も取得。極上肉のお供には究極の一杯を。

☎077・582・6503
守山市吉身6-5-1
17:00～23:00(LO／22:30)
火曜休
禁煙席有
完全個室有
P14台

KID'S DATA
子ども可／子どもメニュー無／子どもイス有

ピーシェン豆板醤と四川山椒を利かせ本場の辛さ。煮えたぎり供される四川風麻婆豆腐980円

MAP /P129_13

中国菜 秀
ちゅうごくさい しゅう

インパクトのある忘れられない味

　本格派の広東＆四川料理を味わえる店。名物はパンチの利いた辛さと旨さをたっぷりと堪能できる四川風麻婆豆腐。また丸鶏の旨みが溶け込んだねぎ汁そばや、甘くやさしい味わいの中華粥まで一度食べるとリピートしたくなるメニューが多彩だ。ホテルや街の中華料理店で腕を磨いたシェフによる料理に魅せられ現地の味を知る通たちも足繁く通うとか。

☎077・587・4818
野洲市北野1-8-23 マンションセブン1F
11:30～13:30(LO)※土曜は夜のみ営業　17:30～22:00(LO)　日曜休
(月曜が祝日の場合、日曜の夜は営業、翌日休)　禁煙席無　完全個室無
P7台(共同5台、専用2台)

KID'S DATA
子ども可／子どもメニュー無／子どもイス無

豆乳と季節の具材を使った月替わりのキッシュセット1280円(ドリンク付)

MAP / P129_15
W.Boléro 守山本店
ドゥブルベ ボレロ もりやまほんてん

素材のこだわりが生む珠玉の一品

　南仏の別荘のような外観が特徴の店。シェフの渡邊氏は、本場の味を追求するために毎年スタッフと渡仏するなど、日々進化を求めている。フレッシュタイプのチーズ「コカブラン」を使ったフロマージュ・クリュは濃厚なヨーグルトのような風味とソースがマッチする珠玉の味。

KID'S DATA
子ども可／子どもメニュー無／子どもイス無

☎077・581・3966
守山市播磨田町48-4
11:00〜20:00(サロンLO／19:30)
火曜休(祝日の場合は翌日)
全席禁煙(テラス席のみ喫煙可)
完全個室無　P12台
http://www.wbolero.com/

抹茶そのものの味を活かし丁寧に焼き上げたまっちゃのテリーヌ380円はテイクアウト可

MAP / P129_14
Tea Room Maman
ティー ルーム ママン

シックな空間で寛ぎのひとときを

　コンクリート打ちっ放しの店内は、黒張りのソファーにウォールナットのテーブルを合わせたシックで落ち着いた空間。キッシュやタルト、目にも鮮やかなかわいらしいケーキを味わえるほか、紅茶はアイルランド・ダブリンの老舗[キャンベルズ・パーフェクト・ティー]の茶葉を使用。洗練された雰囲気の店内で、寛ぎの午後のひとときを楽しみたい。

KID'S DATA
子ども可／子どもメニュー無／子どもイス無

☎077・575・9673
栗東市霊仙寺町3-6-5
11:00〜17:00
月・火曜休
全席禁煙　完全個室無
P4台
http://www.tearoommaman.com/

深い味わいのムースと、なかに詰まった完熟ミックスソースが相性抜群。フロマージュ・クリュ496円

できたての美味しさをおひとつからどうぞ

赤ちゃんの頬のようにやわらかな餅のなかに、北海道産小豆のこし餡が詰まった豆もち150円

MAP / P129_14
御餅菓子 あかね軒
おもちがし あかねけん

夫婦二人三脚で作るつきたての味

　谷津さん夫婦が切り盛りするこぢんまりとした和菓子店。店頭にはその日の朝に滋賀の羽二重糯を蒸してつくという季節ごとのもち菓子や、生菓子が並ぶ。豆もちや草もちといった定番商品をはじめ、うぐいすもち、大納言水ようかん、栗もちといった春夏秋冬の季節の味まで幅広くラインナップ。どれも丁寧でやさしい味わいが魅力。

☎077・553・0093
栗東市安養寺1-12-3
(栗東市役所裏)
9:30〜17:30
日曜、第3月曜休
イートイン不可
P2台
http://akaneken.exblog.jp/

90

あなどれない!
フードコートグルメ
FOOD COURT GOURMET

\ check it out! /

フードコートのメニューといえば「安い」「早い」だけと思っている人に朗報!
[三井アウトレットパーク 滋賀竜王]のフードコート[竜王ダイニング]は
名のある人気店やご当地グルメ店が一堂に会したレストラン顔負けの要注目スポット。
各店こだわりの逸品を気軽に楽しんで。

1. 湖華舞のサンデー 650円
自社牧場の新鮮なミルクと地元の食材を使ったスイーツ店のイチオシは、搾りたてミルクのリッチな風味が特徴のサンデー。中のジェラートのフレーバーは全10種よりチョイスして。

湖華舞
☎0748・58・0790
営業時間／10:30～21:00(LO／20:30)

2. ねぎポン 10個550円／14個750円
大阪・アメリカ村で愛されてきた伝統の味に磨きをかけたプレミアム仕様のたこ焼き。山芋をたっぷり使ったふわふわ食感と、数種がブレンドされたぽん酢の味わいを存分に味わって。

アメリカ村 甲賀流プレミアム
☎0748・58・1959
営業時間／10:30～21:00(LO／20:30)

3. 金沢名物かに味噌丼 960円
回転寿司「もりもり寿司」が手掛ける海鮮丼専門店のスター選手・かに味噌丼は、下のご飯が見えない程ぎっしりと乗ったカニやイクラ、カニ味噌がなんとも贅沢。魚貝好きは見逃せない!

金沢海鮮丼 もり家
☎0748・58・1016
営業時間／10:30～21:00(LO／20:30)

4. 比内地鶏の親子丼 1220円
高級鶏肉を贅沢に味わえるこちらは、炙った比内地鶏の香ばしさが食欲をそそる逸品。鶏がらスープにまで比内地鶏を使用する徹底ぶりは、店の合い言葉である「最上級の親子丼」を表すよう。

鶏料理 ほっこりや
☎0748・58・3746
営業時間／10:30～21:00(LO／20:30)

5. プレミアム黒カレー 750円
懐かしさを覚える日本風カレーの風味に、スパイシーさとコクがプラスされた唯一無二の一皿。商品名の通りの黒色は、秘伝のスパイスをふんだんに使用しているからだそう。

モード和食笹 元祖黒カレー家本舗
☎0748・58・3480
営業時間／10:30～21:00(LO／20:30)

6. ロースかつ膳 1300円
サクサク&ジューシーなトンカツの秘訣は、注文を受けてから揚げるという「揚げたて」へのこだわり。料理人が厳選した、国産豚肉の旨みを御膳で存分に堪能します。

祇園八咫 かつふく
☎0748・58・8338
営業時間／10:30～21:00(LO／20:30)

三井アウトレットパーク 滋賀竜王
☎0748・58・5031(受付時間／10:00～20:00)
滋賀県蒲生郡竜王町大字薬師字砂山1178-694
アクセス
車／名神高速道路竜王ICより約500m
公共交通機関／JR「野洲駅」「近江八幡駅」より
路線バスにて30分、「三井アウトレットパーク」停留所で降車
http://www.31op.com/shiga/

滋賀の銘酒

お気に入りを見つける

琵琶湖の水と大地の恵みを受けて作られる近江米。
その米を作って丁寧に作られる日本酒は、全国にファンが多い。
湖北や東近江を中心に、知っておきたい銘酒をピックアップ。

ツウにおすすめ！
喜楽長 辛口純米吟醸
1800mL 3132円

うす辛い辛口酒ではなく、旨みがあり、爽やかな喉越しにつづく余韻の辛さが特徴の本格派辛口。料理の味わいを高め食中酒として最適

ビギナーにおすすめ！
喜楽長 びわ湖の夏 純米酒
1800mL 2538円

これぞ夏酒！涼やかなみずみずしい酸味、澄んだ香りとやわらかく優しい甘みが口中に広がる。キリリと冷やして、またはロックで味わって

MAP / P127_8
喜多酒造
きたしゅぞう／東近江

伝統を守りながら革新していく

江戸後期から約200年続く老舗蔵。代々能登杜氏と心をひとつに、伝統と革新を見極めながら高品質で個性のある酒造りを心がけている。代表銘柄「喜楽長」には、「喜び、楽しく、酒を飲みながら長生き」というおめでたい意味が込められている。滋賀県立大学の学生と共同した「純米大吟醸　湖風」の開発や、環境保護プロジェクトへの協力など、新しい試みにも積極的にチャレンジしている。

☎0748・22・2505
東近江市池田町1129
8:00〜17:00
土・日曜、祝日休
P無
http://kirakucho.jp/

MAP / P124_1
吉田酒造
よしだしゅぞう／マキノ

後切れがよく、飲み飽きしない酒

湖岸の桜並木の名所、海津大崎のそばに蔵を構える。明治10年(1877)の創業以来、「しっかりした味わいで、後切れのよい酒」を追求し続ける。そのために醸造過程での発酵管理や濾過、貯蔵温度に細心の注意を払う。マキノ町の契約農家と協力して原料米栽培にも取り組み、地元産の山田錦を100％使用した銘柄「花嵐」はマスクメロンのような香りとやさしい甘みとキレのある極上の味わいだ。

☎0740・28・0014
高島市マキノ町海津2292
9:00〜18:00
火曜休(祝日の場合は翌日)
P5台
http://chikubu-sakura.com/

ビギナーにおすすめ！
竹生嶋 初しぼり
1800mL 2400円

芳醇でやや甘口のフレッシュな味わい。ほどよい苦みとキレがあり、口当たりがよいので、するすると喉へすべりこんでいくはず

ツウにおすすめ！
壺中重星霜
純米大吟醸
平成15酒造年度
1800mL 4000円

滋賀県産吟吹雪を使用したぽっちゃり系の純米大吟醸。メープルシロップを思わせる甘みとスパイシーな香り、複雑な旨みが広がる

ツウにおすすめ！
純米吟醸 AZOLLA
1800mL 4860円

化学肥料、除草剤不使用。特別栽培の竜王町産山田錦を100％使った純米吟醸。引きたつ香りと上品な味わいのある自信作

ビギナーにおすすめ！
純米吟醸 楽
1800mL 2970円

「松の司」のベストセラー。ほのかな香りと落ち着いた味わい、優しさを感じる酒として親しまれている。竜王町産酒造好適米100％使用

MAP / P125_2
松瀬酒造
まつせしゅぞう／竜王

原料米造りから環境に配慮する

創業は万延元年(1860)。1992年から原料米を全量契約栽培に切り替え、特に地元の竜王では滋賀県の「環境こだわり農産物認証」をすべての契約栽培田で取得。生態系を乱さない、人や琵琶湖にやさしい環境造りに取り組んでいる。地下120mから汲み上げる鈴鹿山系伏流水を仕込み水に、地元素材での酒造りを行う。貯蔵や熟成期間にもこだわり、味がのってから蔵出しするのも美味しさの理由。

☎0748・58・0009
蒲生郡竜王町大字弓削475
9:00〜17:00(蔵での販売なし)
土・日曜、祝日休
P無
http://matsunotsukasa.com/

SHIGA | 滋賀の銘酒

ツウに
おすすめ！

大吟醸 多賀
1800mL 7714円

平成28年全国新酒鑑評会金賞受賞大吟醸。最高級の山田錦を35%まで磨いた貴重な受賞酒。さらっと上品で繊細な味わいが堪らない

ビギナーに
おすすめ！

多賀秋の詩
1800mL 2365円

新品種の近江米「秋の詩」を使用した純米酒。米の旨みが生きたふくよかな味わいは、どんな料理とも相性ぴったり

MAP / P126_4

酒の多賀
さけのたが／多賀

300年間伝統を守る老舗の酒蔵

延命長寿の守り神・多賀大社のお膝元、自然に恵まれた芹川のほとりで、約300年間酒造りを営む。厳選した近江米を原料に、鈴鹿山系のミネラル豊富な地下水で仕込む酒は、旨み豊かで飲みごたえのある濃醇な味わい。その優れた技術は高く評価され、全国新酒鑑評会で12回の金賞受賞に輝いている。また、琵琶湖に流れる排水を浄化する処理施設を完備し、自然環境の保全にも配慮している。

☎0749・48・0134
犬上郡多賀町中川原102
8:30〜17:20
土・日曜、祝日休
P10台
http://www.sakenotaga.co.jp/

MAP / P127_8

中澤酒造
なかざわしゅぞう／五個荘

昨年復活を遂げた、注目の酒蔵

もとは江戸後期から続く酒蔵だったが、1999年にいったん廃業。祖父の決断に諦めきれなかった中沢一洋さんは独自に［畑酒造］へ修業に入り、大治郎さんの好意で蔵の一部を間借りさせてもらい、自分の酒造りを研究し続けていた。そして2015年、念願かなって蔵を復興。以前からオリジナル銘柄「一博」の美味しさが評判になっていただけに、周囲の期待は大きく、早くも注目を集めている。

☎0748・48・2054
東近江市五個荘小幡町570
売店8:00〜18:00
日曜、祝日休
P無

ビギナーに
おすすめ！

一博 純米うすにごり
1800mL 2592円

地元契約農家の吟吹雪を使用。おりがらみのまろやかな甘みと旨みを引きしめる、高めの酸によるキレが心地よい純米酒

ツウに
おすすめ！

秀一
1800mL 3780円

ガンダムのシャアの声優、池田秀一氏と親交があり、氏へのリスペクトから誕生。期間限定販売（今年も発売予定・時期は未定）

ツウに
おすすめ！

大治郎 山廃純米火入れ
1800mL 2808円

2年寝かせた、やや熟成した味わい。まろやかで程良い酸のキレもある。燗にするとさらに旨みと香りがぐっとふくらむ

ビギナーに
おすすめ！

大治郎 純米生酒
1800mL 2646円

契約農家が作る滋賀県産吟吹雪を使用。力強い酸をベースに甘みや旨みがバランスよく広がり、しっかりと味がのった生酒

MAP / P127_8

畑酒造
はたしゅぞう／東近江

バランスのよい味わいの食中酒

蔵を興した創業者から名前を受け継いだ四代目。自らの名前を付けた銘柄「大治郎」には、酒造りにかける熱い思いが込められている。ごまかしのない真面目な酒造りは、人柄そのもの。無濾過原酒にこだわり、旨みと酸のバランスのよい味わいは、料理に合わせるとより引き立つ。地元の契約農家が栽培する吟吹雪、山田錦、滋賀渡船六号を使用、6年前からは自分の手でも米作りに挑戦している。

☎0748・22・0332
東近江市小脇町1410
8:00〜19:00
不定休　P有
http://blog.goo.ne.jp/20150304

MAP / P125_2

北島酒造
きたじましゅぞう／甲西

近江米の新品種を使用した純米酒

創業210年の老舗蔵元。一昨年、発売した「純米みずかがみ」は、温暖化対策の一環として滋賀県が開発した、高温にも強い同名の近江米の新品種を使用していることで話題に。爽やかな喉越しで、日本酒が苦手な人にも好評だ。美容・健康食品として20〜30代の女性をターゲットに開発した甘酒は米麹を使ったノンアルコール飲料。乳幼児の成長や妊娠・授乳中の母親の滋養強壮にも好適だそう。

☎0748・72・0012
湖南市針756
8:30〜17:30
日曜、祝日休
P10台
http://www.kitajima-shuzo.jp/

ビギナーに
おすすめ！

赤ちゃんもよろこぶあまざけ
500mL 864円

高級酒米・山田錦と米麹で造ったノンアルコールの甘酒。自然なやさしい甘みがして、飲む点滴と呼ばれるほど栄養価も高い

ツウに
おすすめ！

みずかがみ
720mL 1296円

飯米から生み出し、今や「ココクール マザーレイク・コレクション2015」に認定された純米酒。さらりとした飲み口で、飽きのこない味。

1. 伝助穴子のおとし 1080円
2. 菜の花と桜海老のかきあげ 870円
3. 日替わり八寸 540円

春のメニューより 1.湯引きした伝助穴子のおとしは、梅干しの種を入れた炒り酒とポン酢で 2.熱々でさっぱりとした後味が人気の菜の花と桜海老のかきあげ。サクサクとした食感が堪らない 3.ホウレンソウのおひたし、ホタルイカの燻製、玉子焼き、ニンジンのカステラなど、季節の旬が味わえる

県内有数のグルメ激戦区
草津・南草津

県内でも一二をあらそうグルメ激戦区。
なかでも今、注目されているのが日本酒×和食の店。
他にも、肉スポットなど気になる店が目白押し。

MAP / P130_16

なごみ 康
なごみ やす

落ち着き空間で楽しむ美味な和食

草津の本格和食店[康月]の2号店。扱う食材など味へのこだわりはそのままだが、価格だけはリーズナブル。職人歴40年のオーナーの父が握る寿司は「この美味しさでこのお値段」と驚くこと必至。店内はアンティークランプが灯る和モダンな空間が広がり、料理7品の女子会コース3780円を用意するなど、女性が気軽に立ち寄ることができる。奥さんが対応するカウンター席は一人でも寛げる。

☎077・564・1818
草津市渋川1丁目5-19
18:00～24:00、日曜～23:00
月曜休
禁煙席無　完全個室有　P無

KID'S DATA
子ども可／子どもメニュー無／子どもイス無

MAP / P130_16

いち庵
いちあん

自家製燻製を楽しむ草津の隠れ家

南草津駅から程近い隠れ家のような和食居酒屋。持ち帰りもできる特製さば寿司のほか、季節の魚介や梅干しなどの自家製燻製がオススメ。さば寿司は、さばの上に重ねた大根とごはんに混ぜた水菜の漬け物のシャキシャキとした食感が人気の理由。なかなかお目にかかれない他県の日本酒や焼酎を揃えるのも魅力だ。

☎077・566・0227
草津市野路1丁目4-7
コミュニティー南草津2F
17:30～24:00(LO／23:00)
金・土曜、祝前日～翌1:00(LO／24:00)
日曜休　禁煙席無　完全個室有　P無
http://ichian.wix.com/ichian/

KID'S DATA
子ども可／子どもメニュー無／子どもイス有

鮮度抜群の市場直送魚介を炭火焼きで。旨みが凝縮されて美味。魚は時期により異なる

旬の魚介の炭火焼き 480円～

MAP / P130_16

炉ばた-五
ろばたのご

昭和レトロな空間でネオ炉端を

肉や魚、野菜など食材を選び、炭火焼きや醤油焼き、唐揚げなど調理法と共にオーダーする「ネオ炉端」なスタイルが好評。近江黒鶏モモ肉や近江牛ミスジなど近江の食材が中心で、日本酒もその9割が滋賀県産というから驚きだ。ビールや日本酒などはセルフサービスで1杯につき50円引きというシステムも面白い。

☎077・575・0547
草津市渋川1-3-25
17:00～24:00
(フードLO／23:30、ドリンクLO／24:00)
不定休　禁煙席無
完全個室有　P無
facebook／炉ばた-五で検索

KID'S DATA
子ども可／子どもメニュー無／子どもイス無

SHIGA | 草津・南草津

MAP / P130_16
炭火割烹 まつ瀬
すみびかっぽう まつせ

旬の食材を炭火焼きで楽しむ割烹

京都の老舗料亭出身の若店主が腕を振るう割烹店。新鮮な魚介や近江牛、旬の野菜の炭火焼きが楽しめる。彩り鮮やかな季節の八寸から始まる会席料理6500円は全8品で、6〜7種から選べる炭火焼きがメイン。藁で燻したお造りや〆の土鍋までたっぷりと味わえ、満足できること間違いなし。夏は琵琶湖の鮎、冬はフグやカニなどが登場し、四季を感じられる。「松の司」をはじめ、滋賀の地酒も豊富に揃う。

☎077・567・5555
草津市大路1-17-5
17:00〜23:00(LO)
月曜休　全席禁煙
完全個室無　P無
http://www.kappo-matsuse.com/

KID'S DATA
子ども可／子どもメニュー無／子どもイス無

土鍋ごはん
800円〜

会席料理のメインの一例。うろこがパリパリの甘鯛（＋600円）はふっくらしたと香ばしい

柚庵焼きの鯖を炊き込んだごはんは香りも豊か。内容は季節によって変更有（写真は2人前）

山口県・萩沖合で採れた新鯖を使用した鯖の棒寿司1500円。脂がのっているうえ肉厚で最高の味わい

穴子の柳川鍋
1人前1200円

京料理伝統のダシの旨みが存分に堪能できる。写真は2人前

MAP / P130_16
噺し処 魚炉
はなしどころ ととろ

風情ある町家で魚料理に舌鼓

JR草津駅から徒歩3分、風情ある町家で鮮魚が楽しめる大人の隠れ家。魚介類は築地直送の本マグロや山口県・萩沖合で水揚げされた鯖など全国各地から選りすぐった新鮮もの。祇園で腕を磨いた料理長が刺身やステーキなどそれぞれの旨みを最大限に引き出して提供してくれる。豊富に揃う日本酒とも相性抜群。

☎077・561・6699
草津市大路1-13-18
17:00〜24:00(LO／23:30)
不定休
禁煙席無
完全個室無
P無

KID'S DATA
子ども可／子どもメニュー有／子どもイス無

自家製燻製の
盛り合わせ734円

1.桜チップで燻したカキや梅干しの自家製燻製の盛り合わせ（内容は季節によって変更有）　2.骨までしゃぶり尽くしたい鯛のあら炊き。珍しい日本酒と合わせるのにピッタリ　3.大根などの食感がアクセントの特製さば寿司は、酢を控えレア風な仕上げ

特製さば寿司
(ハーフ)1512円

鯛のあら炊き
1058円

押さえておきたいグルメスポット

おまかせ7本のピンチョス
盛り合わせ950円

ひと口サイズで一品料理の完成度！鶏レバーバルサミコ煮込み、半熟卵とアンチョビなど

MAP / P130_16
SPANISH BAR PLOMO
スパニッシュ バル プロモ

知る人ぞ知る！心が踊る穴場バル

　裏口の扉を開けてたどり着く、雑居ビル2Fにある隠れ家的なスペインバル。「お客さんとの会話が一番の楽しみ」と話す店主のオススメは、定番おつまみのピンチョス。盛り合わせはバリエーション豊富な味に満足度大。産地や品種など異なる4種類の生ハムも用意し、日により2種類を提供。スペインビールやワインがすすむ料理と陽気な雰囲気に心が踊る。

☎077・584・5581
草津市大路1丁目12-5 グービル2F
18：00〜翌3:00（LO／翌2:00）
火曜休
禁煙席無
完全個室無　P無
Facebook／Spanish BAR PLOMOで検索

KID'S DATA
子ども可（要相談）／子どもメニュー無／子どもイス無

パエージャ・マリネーラ
（Mサイズ）1944円

大きな海老やイカ、ムール貝、アサリなど魚介の旨みがたっぷり詰まった味わい深い一品

月替りの煮込み料理を堪能できるプラチナムランチ1700円が人気。シェフ自慢の味を存分に

MAP / P130_16
eX PLATINUM
イクス プラチナム

眺望＆料理で魅了するイタリアン

　駅前ビル上階にあるスタイリッシュなイタリアン。上質な空間で鮮度と季節にこだわった料理や厳選素材で仕上げる煮込みメニューを楽しめると評判。開放感あるメインテーブル席ほか、ローテーブルとソファが心地よいラグジュアリー空間や眺めの良い個室などもスタンバイ。琵琶湖を一望できる屋外スカイテラスでは夏期にはビアガーデンも開催する。

KID'S DATA
子ども可／子どもメニュー要相談／子どもイス有

☎077・516・2555
草津市野路1-8-18
e.e.Building12F
11:00〜14:30（LO／14:00）
17:00〜22:00（フードLO／21:00、ドリンクLO／21:30）
水曜休　全席禁煙
完全個室有　P無
Facebook／
eX PLATINUMで検索

96

SHIGA | 草津・南草津

リコッタと旬の野菜のトルテッリ
1296円(S)、1728円(M)

バイオーダーで具材を詰める生パスタ「トルテッリ」は夏に行われる店の周年祭にだけ味わえるスペシャリテ

長期熟成で旨みが濃厚なクラテッロやふわっとやわらかなパンチェッタなど4〜5種を食べ比べできる

自家製生ハム盛り合わせ
1512円(S)〜

MAP / P130_16
CULATELLINO
クラテリーノ

ハムの王様など伊の味覚が目白押し

生パスタの本場で腕を振るったシェフがもてなすのは、ソースに合わせて生地から作るこだわりのパスタ。さらに、イタリア生ハムの王様とも称されるクラテッロの製法を職人から直接学び、日本の気候に合わせて約1〜3年熟成させて作る自家製生ハムはこちらのもう一つの名物。微発泡の赤ワイン「ランブルスコ」をはじめ、料理に合わせた伊産ワインをグラスで楽しんで。

☎077・566・5120
草津市草津町1660 1F
11:30〜15:00(LO/14:00)
18:00〜22:00(LO/21:00)
日曜夜、月曜休
全席禁煙　完全個室無　P5台
http://culatellino.com/
KID'S DATA
子ども可／子どもメニュー無／子どもイス無

季節によってスズキやカサゴなどの鮮魚に変わる旬野菜を使ったアクアパッツァ1296円は人気の一品

根強い人気を誇るグラタンウニクリームが発想の源。海の恵みが作りだす美味しさに感動

MAP / P130_16
Ristorante VERSARE
リストランテ ヴェルサーレ

極上創作イタリアンで至福の時間

今年でオープン20周年。ゆったりとした寛ぎの空間で堪能できるのは、四季折々の美味しさが散りばめられる創作イタリアン。契約農家から直接届く旬野菜の甘みや旨みを引き出す調理法にこだわり、味わいはもちろん見た目にも美しい一皿を披露してくれる。毎月1週間限定で開催される人気のデザートビュッフェや夏季限定ビアガーデンなどにも注目を。

帆立貝とチンゲン菜のウニクリーム
スパゲッティ1080円

☎077・565・6802
草津市追分南5-12-15
11:00〜22:00
不定休　夜はサービス料別途10%
全席禁煙
完全個室有　P60台
http://www.versare1996.com/
KID'S DATA
子ども可(要相談)／子どもメニュー有／子どもイス有

> ガッツリ肉スポット <<

ビーフハンバーグ
1380円

近江牛を使用した丁寧に手ごねして仕上げるハンバーグ。口中で旨みたっぷりの肉汁がじんわり広がる

ローストビーフ丼set
1380円（ランチ限定）

塩麹で熟成させたローストビーフは驚くほどやわらかくあっさりテイスト。「おかわり」と言いそうになる

MAP / P130_16

Roti PRIME BEEF
ロティ プライム ビーフ

アスリートが提案するヘルシー肉料理

「赤身肉は高タンパクで低脂肪、鉄分豊富で優秀な栄養食です」と言うこちらのオーナーは元オリンピック選手。かつて自身の健康管理のために学んだ知識と培った経験を活かし、赤身を主にしたヘルシーで美味な肉料理を提供。近江牛を含む黒毛和牛を中心にハンバーグやローストビーフなど人気メニューが揃う。地元産の野菜や近江米と滋賀県ならではの素材も使用。肉に合うワインも豊富にスタンバイ。テラスはペット可。

☎077・566・2727
草津市矢橋町105-1
カーサ・ソラッツォ弐番館1F
11:30～14:30
17:30～22:00（LO／21:00）
火曜、第3月曜休（祝日の場合は翌日）
全席禁煙（テラス席のみ喫煙可）
完全個室有　P10台

KID'S DATA
子ども可／子どもメニュー有／子どもイス有

しゃぶしゃぶに先付、牛刺し、野菜盛りなどがセットに。焼き肉やすき焼きのコースもある

しゃぶしゃぶ安田良極上コース
（1人前）8640円～

MAP / P130_16

純近江牛 安田良
じゅんおうみぎゅう やすだりょう

自社農場で育てた最高峰の近江牛

精肉店が営む、最高品質の近江牛を使った肉料理専門店。県内の自然豊かな自家牧場で愛情たっぷりに育て、熟成させた近江牛は、強い甘みがあり口の中でとろけるようなやわらかさ。なかでも近江牛の最高部位であるロースをふんだんに使った焼き肉コースやしゃぶしゃぶ、すき焼きは本来の近江牛の旨みを楽しめる。

☎077・598・1529
草津市西大路町5-3
11:30～14:00、17:00～21:30（LO）
日曜、祝日11:30～14:00
17:00～21:00（LO）
水曜休　禁煙席無　完全個室有
P2台（他契約駐車場有）
http://www.oumi-beef.jp/

KID'S DATA
子ども可／子どもメニュー無／子どもイス無

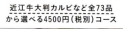

近江牛大判カルビなど全73品から選べる4500円（税別）コース

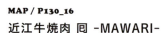

MAP / P130_16

近江牛焼肉 回 -MAWARI-
草津店
おうみぎゅうやきにく まわり くさつてん

京滋で8店舗を展開する人気店

「美味しい本物の近江牛を食べてほしい」という思いから、飼料に至るまで徹底管理している［澤井牧場］や［亀井牧場］の極上近江牛を一頭買い。きめが細かく旨みたっぷりの近江牛は単品オーダーでも味わえるが、お得な食べ放題が3500円～が人気。スタイリッシュな雰囲気の半個室ソファ席も魅力のひとつ。

☎077・566・7029
草津市大路1丁目7-1
17:00～23:00（LO／22:30）
金・土曜、祝前日～24:00（LO／23:30）
無休　禁煙席無　完全個室有
P有（2時間無料の契約駐車場）
http://omigyuyakiniku.jp/

KID'S DATA
子ども可／子どもメニュー無／子どもイス無

98

麗ビューティー皮フ科クリニック
Rei Beauty Dermatology Clinic

美容クリニックだからできる最新美容治療

- 女性医師
- 土日診療
- 相談無料

いつまでも美しくありたい、そんな女性を女性医師の立場から応援し、女性にしか理解できないような繊細な悩みにも十分に耳を傾ける診療を心がけています。どんなお悩みでも気軽に相談にいらしてください。

院長 居原田 麗
国立滋賀医科大学 卒業

MENU

医療レーザー脱毛

「永久脱毛」するなら医療機関で施術を受けるのが安心・確実！清潔な個室で医療資格を持った女性スタッフが施術いたします。

〜「永久脱毛」は医療機関でのみ行える医療行為です〜

- ●両ワキ　初回 ¥3,000　→ お得な6回コース ¥24,000（1回あたり4,000円）
- ●両ヒジ下　¥15,000　→ ¥72,000（1回あたり12,000円）
- ●両ヒザ下　¥20,000　→ ¥96,000（1回あたり16,000円）
- ●全身脱毛　5回コース ¥540,000　平日限定5回コース ¥498,000

プチ整形

メスを使わない整形術。痛みも少なく傷跡の残らないので安心です。施術時間も短くすぐに効果を実感していただけます。

〜腫れの少ない二重埋没法 安心の3年保証付き〜

- ●NEW 二重埋没法　2点留め ¥120,000
- 　　　　　　　　　3点留め ¥150,000

〜ヒアルロン酸注入で理想の顔立ちに〜

ヒアルロン酸 唇

- ●ヒアルロン酸（しわ・唇・涙袋）0.1cc ¥10,000
- ●クレビエル（鼻筋・アゴ形成）0.1cc ¥12,000

〜溶ける引き上げの糸でホホをリフトアップ〜

- ●プチリフト（フェイスライン・アゴ下のたるみに）1本 ¥20,000

アンチエイジング

採血した自己血液をオゾンガスと混合し、オゾン化した血液を体の中に戻す治療。ヨーロッパでは保険適応にもなっている治療で、認知症予防・がん治療にまで応用されています。

Step 1 採血　Step 2 オゾン化　Step 3 点滴

〜血液を綺麗にして自己治癒力アップ〜

- ●血液クレンジング療法　初回 ¥12,000　5回 ¥70,000

※初回時には血液検査費（G6PD測定 3,000円）が別途必要です。

※施術メニュー・商品の金額・内容等は2016年7月現在のものです。

どんなお悩みもご相談を

- ホクロ除去（再発永久保証）… 1mm 2,000円
- シミ取り ……………………… 5mm 5,000円
- ピアス（耳たぶ/ファーストピアス付）3,000円
- プラセンタ注射 ……………… 1A 1,200円
- 高濃度ビタミンC点滴（12.5g）11,000円

※表記価格はすべて税抜きの金額表記となっています。

麗ビューティーオンラインショップ

医療機関専売のドクターズコスメやサプリメントをご購入いただけます。アンチエイジングリップ「Luscious Lips」飲む日焼け止め「UVlock」もお取り扱いしております。

- 初回ご購入で500ポイント
- 購入金額の5%をポイントバック

rei-shop.com こちらから↓

麗ビューティー オリジナルコスメ　アンチエイジングリップ Luscious Lips　飲む日焼け止め UVlock

麗ビューティー 皮フ科クリニック
Rei Beauty Dermatology Clinic

TEL 077-569-5509　完全予約制

診療時間 10:00 〜 19:00
（休診日なし）

http://www.rei-beauty.com/

ホームページもチェック

〒525-0037 草津市西大路町4-32　JR草津駅西口徒歩3分

家族みんなが笑顔になるワクワク空間へ

| 音 南草津 |

「子育て中でも、おしゃれしたい！」。そんなママの願いを叶えてくれるのがこちら。閑静な住宅街にあるショップには、隠れ家のような小部屋や開放的なガーデンなど遊びスペースがいっぱい。キッズがご機嫌な間にゆっくりと買い物ができる。着心地のよさに加えてデザイン性も優れた[WAFFLISH WAFFLE]や、人気の[KAPITAL]など心ときめくアイテムばかり。パパも含めファミリーでお揃いコーデも楽しめる。

カッコいいアメカジ系のユニセックスアイテムがさりげなく飾られているIF。機能的でおしゃれなキッズ用リュックも多彩に並ぶ

個性的なデニムアイテムで定評ある[KAPITAL]の優美なワンピや白シャツがパパとママのおしゃれ心を惹き付ける

自由に走り回れるクローバーの芝生はキッズのお気に入りプレイス。天気の良い日は特に気持ちイイ。キノコの棟の螺旋階段を上って2Fへ、次は店内階段から1Fに。広い一軒家を自在に移動できて楽しい！

パパとママの心をしっかり掴む旬のコーデがズラリ。大人っぽい風合いが魅力なナチュラル＆カジュアルを提案

リピーターが多い[WAFFLISH WAFFLE]をはじめ、センスが光るレディースとメンズが揃う2F。キッズとのペアコーデも

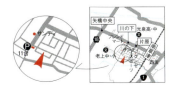

☎077・565・5793
草津市南草津4-5-10
10:00～19:00
火曜休
P11台

律己（りつき）くん

ハット [SCOTCH & SODA] 8532円～、トップス（インナー）[WAFFLISH WAFFLE] 5184円～、タンク [DENIM DUNGAREE] 3132円～、パンツ [WAFFLISH WAFFLE] 6912円～、シューズ [CONVERSE] 4212円～

美礼（みれい）ちゃん

トップス（ノースリーブシャツ）[WAFFLISH WAFFLE] 6696円～、
タンク（インナー）[SCOTCH & SODA] 5292円～、
フリルパンツ [toi toi toi] 7452円～、シューズ [SPRING COURT] 7452円

おいしい酒場急増中！

瀬田・石山

地元人の通うローカル酒場が多い、夜の楽しい瀬田・石山。
最近、こちらにお酒がすすむ料理のおいしい酒場が急増中。
今すぐチェック！昼の楽しみ、気になるスイーツもお忘れなく。

MAP / P130_17

セレナ食堂
セレナしょくどう

すばらしきサービス精神に乾杯！
瀬田の夜を熱くするアジテーター

「週末は予約が必須」といわれるほど、連日盛況のイタリアンバールを発見。京都のリストランテで5年、イタリア本国で3年と、スキルを磨き続けたオーナーが、原価度外視の一皿を太っ腹に供してくれる。たとえば、スライス仕立ての24ヶ月熟成の生ハムが山盛りで702円、海老が丸ごと入った大きな海老クリームコロッケが2個で626円と、信じがたい値段設定。また、ワインをフルボトルで注文すれば、生ハムの切り落としをサービスするなど、気前のよさが止まらない。

☎077・543・0870
大津市大萱1-6-22 ヤマブハイツ1F
17:30〜翌1:00（フードLO／24:00）
金・土曜〜翌2:00（フードLO／翌1:00）
日曜休　禁煙席無
完全個室無　P無
Facebook／セレナ食堂で検索

KID'S DATA
子ども可／子どもメニュー無／子どもイス無

シーフード
カルパッチョ 734円

本日はマグロやカンパチ、ホタテ、タコのカルパッチョにとびこをあしらって。満足度高し

生ハム2種盛
1058円

写真はピスタチオやスパイスを練り込んだモルタデッラ、24ヶ月熟成のイタリア産生ハム

エビコロ（2個）
626円

海老一尾が丸々入ったこぶし大の海老クリームコロッケ。自家製タルタルソースで味わう

SHIGA | 瀬田・石山

パスタランチ
1500円

ランチのパスタは5種類
から選べる。手打ちパス
タを使った一番人気の
ボロネーゼは限定7食

ランチにセットの前菜盛り合わ
せ。セットドリンクにグラスワイ
ンが選べ、昼飲みも楽しめる

MAP / P130_17
La Pietra
ラ ピエトラ

イタリア家庭の味と温もりがココに

オーナー夫妻がイタリア滞在中に学んだ料理
やワインの楽しみ方、ゆったりとした時間の過
ごし方を伝えてくれるイタリア家庭料理とワイン
の店。シンプルな調理法で作り出される料理は、
素材の持ち味を活かした素朴な味わいで、「また食
べたくなる」ものばかり。イタリア産ワインが約60
種類。グラスワインも常時約10種類があるので
飲み比べてみては。

KID'S DATA
子ども可／子どもメニュー無／子どもイス無

☎077・533・5092
大津市栄町23-1 フレンドリーハウス匠石山1F
11:30〜14:00(LO)
18:00〜22:30(LO／22:00)
日曜夜、月曜休　全席禁煙(喫煙スペース有)
完全個室無　P2台
http://www.lapietra.shiga.jp/

MAP / P130_17
ハレルヤ
ハレルヤ

ワインがすすむ窯焼きピッツァ

一軒家をセンスよくリノベートしたスタイリッ
シュな空間とシェフのおもてなし、そして看板メ
ニューの窯焼きピッツァが、界隈の女性をトリコ
に。カウンター奥の窯で焼かれるピッツァは、マル
ゲリータやクアトロフォルマッジなど全8種類。イ
タリアから取り寄せた食材を本場仕込みの調理
法で完成させるとあり、格別の味わい。ワインと
共にぜひ。

KID'S DATA
子ども可／子どもメニュー無／子どもイス無

☎077・534・1718
大津市松原町13-39
17:30〜翌3:00(フードLO／
翌2:00、ドリンクLO／翌2:30)
木曜休　禁煙席無
完全個室無　P無
http://www.spcreate.biz/hallelujah/

マルゲリータ
1200円

ひとり客にはSサイズ
のピッツァも用意。テイ
クアウトも可能(6種
類)1100円〜

おひとり様
も気軽に
OK!

パルマ産生ハムやミラノのサラミ
など3種を食べ比べ、自家製ピク
ルスが添えられている

イタリア産ハムの
3種盛り 1430円

イベリコ豚の
生ハム(L)1480円(税別)

目の前で薄くカットし
てくれる生ハムは絶
品。ワインのお供にS
サイズ980円もある

MAP / P130_17
SPANISH BAR SOLA
スパニッシュ バル ソラ

陽気に酔えるスペインバル

看板メニューのアヒージョは定番から
日替わりまで約20種。その場で切り落と
す生ハムやタパス、パエリアなどワインが
すすむメニューが多く、2軒目3軒目使い
にももってこい。口当たりのいいフルー
ティーなサングリアもおすすめ。

オーガニック
ワインもぜひ!

☎077・534・7235
大津市粟津町17-14
ホワイトビル1F
17:30〜翌2:30(LO)
不定休　禁煙席無
完全個室無　P無
http://www.spcreate.biz/sola/

KID'S DATA
子ども可／子どもメニュー無／子どもイス無

天使の海老の
アヒージョ 980円(税別)

身は甘く濃厚で、殻までバリバリ
食べられる「天使の海老」を
使った人気メニュー

MAP / P130_17
Osteria Blanca
オステリア ブランカ

ピッツァとお惣菜にファン急増中

イタリア語で「白い居酒屋」という店名
を掲げるイタリアン酒場。ナポリ直輸入
の石窯で焼き上げるピッツァは、高温で
一気に焼くことで表面はパリッと香ばし
く、中はもっちりとした理想的な食感に。
イタリアのお惣菜や口当たりのやさしい
有機ワインも評判が高い。

マルゲリータ
980円

高糖度のイタリア産ホールトマトをソースに使
用している。迷ったらまずこちらを注文して

☎077・547・3618
大津市大萱1-16-16 ヤマヤプラザ1-
11:00〜15:00(LO／14:00)
18:00〜23:00(LO／22:00)
金・土曜、祝日18:00〜24:00(LO
23:00)　月曜昼・日曜休、他不定休
時間により禁煙(11:30〜15:00)
完全個室無　P無
Facebook／Osteria Blancaで検索

KID'S DATA
子ども可／子どもメニュー有／子どもイス無

103

愛される！ローカル酒場 <<

MAP / P130_17
創作家庭料理 おかん
そうさくかていりょうり おかん

日替わりおばんざいが楽しみな店

通い続けても飽きない味とおかんの人柄が客を呼ぶ、石山駅から徒歩8分の店。勤め帰りに立ち寄る老若男女に明るく接する女店主が、手間を惜しまず手作りする日替わりおばんざい1品250円がカウンターに並び、上品な味と人気だ。他に毎年10月から3月末頃までの恒例メニューおでんがお目当ての人も多い。

☎077・534・1763
大津市別保2-9-55
17:00～24:00（LO／23:30）
日曜、祝日休　禁煙席無
完全個室無　P無

KID'S DATA
子ども可／子どもメニュー無（フライドポテトなどある材料で対応）／子どもイス無（座敷有）

週末は予約がおすすめ！

体にやさしいおばんざい！

見た目の予想とは違い、しっかり味が染みこんだおでん。大根100円、牛すじ150円など庶民派価格が嬉しい

MAP / P130_17
鯛の鯛
たいのたい

和食が恋しい夜に立ち寄りたい店

旬の素材を使った一品料理を、福岡出身の店主が振る舞う居酒屋。ふっくらと炊いた鯛のあら煮600円のほか、丁寧にひいたダシを使った料理が光る。〆には炊きたての釜飯がオススメ。女子会向けのコースもあり、体がやさしい和食を求める夜はぜひ立ち寄りたい。

お造り盛り合わせ
（3～4人前）2000円

近所の商店街にある魚屋［魚辰］からその日一番の魚を選りすぐったひと皿

☎077・572・7529
大津市栄町8-30 2F
11:30～14:00（LO）
18:00～24:00（LO／23:30）
月曜休
時間により禁煙（11:30～14:00）
完全個室無　P無

KID'S DATA
子ども可／子どもメニュー無／子どもイス無

MAP / P130_17
炭火割烹 蔓ききょう
すみびかっぽう つるききょう

旨みをひき出した唯一無二の料理

料理人も通うほど味のわかる人々に一目置かれる店は、全国から良質素材を厳選。近江牛や琵琶湖本もろこに、大間産本マグロなどを、炭火焼でシンプルに塩で味わえば感動すること間違いなし。昼1420円～、夜3940円～のコースに、フレンチを取り入れた京料理などアラカルトもある。

焼き野菜盛り合わせ
（10品）1000円～

京都の［田鶴農園］をはじめ生産者直送の旬野菜の旨みがストレートに伝わるひと皿

☎077・545・7837
大津市瀬田2-2-1
11:30～14:00（LO／13:30）
17:30～22:00（最終入店／21:00）　水曜、第1・3火曜、木曜昼休　禁煙席無
完全個室無　P3台
http://tsuru-kikyou.jp/

KID'S DATA
子ども可／子どもメニュー無／子どもイス無

酒肴盛り八珍
1383円

日本酒揃ってます！

筋子煮やからすみなど、その日の酒に合わせたアテ盛りが杯をすすめてくれる

MAP / P130_17
日本酒BAR 十八番
にほんしゅバー おはこ

日本酒と引き立て合う絶品料理

日本酒バーと名乗るが、全国から40～60種を取り揃えた日本酒と引き立て合う魚介料理や創作料理が美味と評判。ヨコワやノドグロ、生牡蠣などは、日替わりのお造りや塩焼きなどで。自家製のからすみや、ダシにキジガラを加えた特製おでん盛り734円（9月～5月頃）も外せない。

☎077・533・0852
大津市粟津町2-62 J-COURT
17:00～24:00（LO／23:30）
日曜休　禁煙席無
完全個室無　P有（契約駐車場）
http://www.ohako2012.com/

KID'S DATA
子ども不可／子どもメニュー無／子どもイス無

のんびりスイーツ時間 《《

MAP / P130_17
COFFEE&PIZZA café fukubako
コーヒー&ピッツァ カフェ フクバコ

古民家カフェで味わう絶品スイーツ

　古民家をリノベーションした瀬田川沿いのカフェ。そのまま残した梁や柱が落ち着いた趣で、瀬田川の風景を眺めていると時間が経つのも忘れてしまう。石窯で焼いたピッツァは全9種で、ランチセットは1280円〜（11〜15時、無くなり次第終了）。またカフェタイムには、自家製あんこと生クリームを添えた抹茶のガトー400円も人気。

KID'S DATA
子ども可／子どもメニュー無／子どもイス無

☎077・544・2905
大津市瀬田1丁目22-24
9:30〜18:00
(LO／17:30)
月曜休、他不定休有
全席禁煙　完全個室無
P3台

珈琲豆は GARUDA COFFEE

コーヒーとガトーショコラのパフェ750円
自家製グラノーラにコーヒーゼリーとガトーショコラがイン。人気のデザートをぎゅっと詰め込んだパフェは1日10食限定

お菓子教室も開催中！

白砂糖を使用せず、豆腐クリームやカスタード風クリームなど使いふわっとした食感を醸し出す

米粉のマクロビ・ショートケーキ500円

MAP / P130_17
Patisserie Youpi Youpi
パティスリー ユーピ ユーピ

体にやさしく華やかなスイーツを追求

　なるべく添加物は使用せず有機素材など取り入れながら、製法にもこだわったパティスリー。なかでも、卵や乳製品を使わず良質な食材を用いたマクロビスイーツや、食物の酵素やビタミンミネラル等を活かしたロースイーツは試行錯誤の末、生み出したそう。美味しくて華やかなケーキは評判を呼び遠方からの来客も多い。店内ではオーガニックコーヒーと一緒に楽しめる。

いちじくのオペラ・オーガニック450円

ノーカフェインのマヤナッツコーヒーや、オーガニックココア、酒粕ガナッシュなどを用いたやさしいマクロビスイーツ

KID'S DATA
子ども可／子どもメニュー無／子どもイス無

☎077・544・1722
大津市萱野浦23-18
10:00〜19:00
水曜不定休(祝日の場合は営業)
全席禁煙
完全個室無　P5台
http://www.eonet.ne.jp/~youpiyoupi/

MAP / P130_17
焼菓子屋 Ranunculus
やきがしや ラナンキュラス

英国のスコーンに思いを馳せて

　住宅街の一角にあり、知らずに通り過ぎてしまうほど小さな佇まい。実はこちら、パティスリーでの修業後、関西の手づくり市を中心に活動していたパティシエ中谷さんの焼き菓子店。好きが高じて、高校生の頃から少しずつ改良を重ねたアーモンドたっぷりのフロランタンを焼いたところ、家族にも好評で、手づくり市でもすぐ売り切れる人気商品に。他にサブレやスコーンが人気。

☎077・545・0773
大津市大将軍3-10-20
10:00〜18:00
水曜・第3木曜休
他臨時休業有
P1台　イートイン不可
Facebook／焼菓子屋
Ranunculusで検索

実店舗を開店するきっかけになった「みやびのフロランタン」162円。小さくても厚みがあり、アーモンドのザクザク感がクセになる

イギリスのスコーンをお手本に、ずっしりと食べ応えのある大きさにしたチョコスコーン216円。外はさっくり、中は程よくしっとり

アイシングクッキーもぜひ！

106

SHIGA | 瀬田・石山

スイーツ、パン、ランチ…
「おいしい」がココに集う

アフタヌーンティー
1998円

スコーンや焼き菓子など多彩なスイーツで甘いひと時を。[ロンネフェルト]の紅茶とともに

今日はどれにしようかな？

天然酵母を使ったハード系パンやデニッシュなど素材にこだわった約80種のパンが並ぶ

MAP / P130_17

ガストロノーム
ガストロノーム

牧歌的な風景を眺めてティータイム

南仏を思わせる緑溢れるレストラン[ガストロノーム]と同じ敷地内で展開するパティスリー＆カフェ[fleurette douce]。新緑と花に囲まれた広大な敷地には今春産まれの子ヤギやうさぎが暮らし、非日常感たっぷり。できるだけ地元の食材を使ってパティシエが手作りするスイーツと農園まで厳選するスペシャルティコーヒー、ドイツ[ロンネフェルト]社の紅茶を味わいながら極上のひと時を。スイーツは自家菜園の野菜を使ったパスタや肉・魚料理が楽しめるレストランで食後のデザートとして味わうことも。

☎077・548・3852　大津市一里山3-14-6
レストラン11:00～15:00(LO／14:30)
17:30～22:00(LO／21:00)
ベーカリー8:00～19:00　パティスリー＆カフェ10:00～19:00
月曜休(祝日の場合は翌日)
ランチタイムは分煙、ディナータイムは全席禁煙(共にテラス席は喫煙可)
完全個室無　P25台　http://www.gastronome.jp/

KID'S DATA
子ども可／子どもメニュー有／子どもイス有

カシスのムースにココナッツが香るヌガー。センスが際立つ大胆な色使いが気になる、ココ カシス518円

MAP / P131_18
pâtisserie bon SOUVENIRS
パティスリー ボン スヴニール

煌めく宝石みたいな大人のガトー

ショーケースに並ぶのは、輝きある色彩美にうっとりするジュエリーみたいなガトーばかり。シャンパーニュやリキュールなど洋酒を使う、大人が楽しめる甘い誘惑は、クリームに意外なスパイスを利かせたシュークリームといった、型にとらわれない発想と手法あり。フランス料理の経験も積んだオーナーパティシエによる、ここだけのスペシャリテを楽しんで。

☎077・524・5528
大津市馬場1-8-5
11:00〜20:00、日曜〜18:30
月曜、隔週火曜休
全席禁煙　完全個室無　P無
Facebook／pâtisserie bonSOUVENIRSで検索

香ばしい味わいのアーモンド入りスポンジ生地を使う、国産イチゴを使う季節だけのお楽しみ！フレジェ626円

使える駅前グルメMAP
膳所

カフェやスイーツ、食堂、ちょい飲みまで、膳所駅の近くには朝・昼・夜のお腹を満たしてくれる店がいっぱい。お気に入りを見つけに、さぁ今日はどこへ行こうかな？

リラックス、美容など目的別に選べるハーブが購入可。
30g 1000円、60g 2000円

MAP / P131_18
HARB+CAFE ALOHA KITCHEN
ハーブカフェ アロハ キッチン

本格ハーブティーで心落ち着く時を

リラックスできるようにと靴を脱ぎ過ごす、ハーブカフェ。ハーブの専門家・ハーバルセラピストが営むからこそ、気分や体調に合わせて13種類から選べる本格的なオリジナルハーブティーが味わえる。BEEF100％パテのアロハバーガーやガーリックシュリンプ、豆を砕き手づくりするマカダミアナッツソースのパンケーキなどフードも充実。

☎077・526・7782　大津市竜が丘13-17　10:00〜19:00
日曜、祝日休　全席禁煙　完全個室無　P3台（共用）
Facebook／HERB+CAFE ALOHA KITCHENで検索

KID'S DATA
子ども可（要相談）／子どもメニュー無／子どもイス無

MAP / P131_18
炭焼ダイニング 美味皆快 膳所店
すみやきダイニング みみかいかい ぜぜてん

和み空間で炭火焼きを堪能する夜

ゆったり気軽に過ごせる木目調の空間は、座敷やテーブル席にカウンター席もあり、1人でもOK。例えば焼鳥は但馬鶏だったり、刺身は市場直送鮮魚を用意したり、こだわり素材を使う料理が多数あり、外はパリッと中はジューシーに旨みを逃さず仕上げる炭火料理が人気。

☎077・524・6781　大津市馬場1-4-30 スペースVANVA1 1F
17:00〜24:00（LO／23:30）　月曜休
禁煙席無　完全個室無　P無

KID'S DATA
子ども可／子どもメニュー無／子どもイス無

肝のネギだくなどアレンジ焼き鳥も揃う。ジューシーな丹波鶏の焼き鳥108円〜

108

SHIGA｜膳所

MAP / P131_18
SPOON LIFE ON WORKS
スプーン ライフ オン ワークス

居心地のいい空間でスイーツタイム

街を見渡せるガラス張りの空間は、無垢の木のテーブルが並びナチュラルな雰囲気でのんびりできる。紅茶好きが集まるカフェだからこそ、専属パティシエによるスイーツにも注目を。かつてリクエストに応え登場した、今も人気のフレッシュケーキを、最高級のスリランカ原産茶を使うムレスナティーと一緒に楽しんで。

☎077・527・7156
大津市打出浜14-30
大津パルコサテライト3F
10:00～19:00(LO／18:00)
火曜休　全席禁煙
完全個室無　P有(有料)

KID'S DATA
子ども可／子どもメニュー無／子どもイス無

カハラニクリアブレンド450円。アサイーボウル700円は、自家製スイーツとコーヒーをマリアージュさせたコースにも入る人気のメニュー

ほっとひといき
コーヒーブレイク

MAP / P131_18
KAHALANI Coffee House
カハラニ コーヒー ハウス

コーヒーのお供に最強スイーツを

各線膳所駅すぐのコーヒーハウス。ハワイ産豆100％のブレンドを始め、各国の農園からセレクトした品種を取り揃え、焙煎日別の飲み比べができるのも面白い。主役のコーヒーに負けていないのが、自家製スイーツ。ココナッツ香るフレンチトーストやパンケーキのハワイ系に、ベルギー産を使うチョコレートケーキなどもある。

☎077・548・8011
大津市馬場1-4-30
10:00～19:00、日曜～18:00
木曜、第3日曜休
全席禁煙　完全個室無
P有(1000円以上利用で1時間無料の提携駐車場)
http://www.kahalanicoffeehouse.com/

KID'S DATA
子ども可／子どもメニュー有／子どもイス無

フォンダンショコラ700円。チョコレートに、カスタード風味のアングレーズソースとオレンジが好相性

MAP / P131_18
ごはんやTOKU
ごはんやトク

毎日楽しみに通えるごはん屋さん

膳所駅前の好ロケーションにある定食屋。メインに小鉢2品が付く日替わりTOKU定食860円をはじめ、ハンバーグやオムライス、チキン南蛮などバラエティ豊かに揃う。ソースまで手作りの料理はおうちごはん感覚で味わえ毎日通っても飽きない。夜もしっかりごはんが食べられるので幅広い年齢層から支持されている。

☎077・572・6828　大津市馬場1-4-33　11:30～15:00(LO／14:30)
17:30～21:30(LO／21:00)　月曜休(祝日の場合は翌日)　全席禁煙
完全個室無　P有(有料の提携駐車場)　http://gohanya109.com/

海老フライや豚ヘレカツ、鶏もも肉のバジル焼き、とろとろオムレツなど人気メニューを集めた贅沢プレート。109DXプレート1450円(スープ付き)

KID'S DATA
子ども可／子どもメニュー有／子どもイス有

おまかせ10本コース1680円。串揚げの合間に、ひね鶏塩焼やワタ入りいか炙りといった一品料理を頼むのがツウ

MAP / P130_17
すみれ堂
すみれどう

薄付き衣でカリッと香ばしい串揚げ

京阪膳所本町駅からすぐの好立地。下町感ある店で味わうのは、直球＆ユニークな串揚げの数々。素材の美味しさがそのまま伝わるようにと、細かいパン粉を使う衣にし、揚げたてを目の前に提供するスタイル。デザート串などの変わりダネも充実の約40種あり、1本86円～。おまかせコースをオーダーするのがおすすめ。

☎077・523・3661　大津市膳所2-8-10
17:30～23:00(LO／22:00)　月曜休
禁煙席無　完全個室無　P1台

KID'S DATA
子ども可／子どもメニュー無／子どもイス無(座敷有)

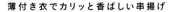

BEEF100％のパテと玉ねぎの風味が薫るオリジナルバンズが好相性。ハッセルバックポテトとサラダが付くアロハバーガー1150円

オリジナルソースが決め手！

丸太渡りの途中でひと休み。コースに張られたロープにハーネスを装着するため、逆さまになることもできる

腕の筋肉を鍛えられそうな、上下に揺れるネットをつたっていくポイント。かなりのエクササイズになるので、息切れ覚悟で

琵琶湖を真下に空中さんぽ

MAP / P125_2
びわ湖バレイ
びわこバレイ

絶景に感動する天空アスレチック

冬はスキー、春〜夏は多彩なアクティビティで人気のびわ湖バレイ。なかでも2015年4月にオープンした"スカイウォーカー"(チャレンジコース2600円、ファミリーコース1600円)は関西最高峰、標高1100mにある天空のアスレチックとして話題に。そのほかロープ間を滑空するジップラインや登山道を歩くトレッキングも人気。2016年に新登場した、琵琶湖を一望できる絶景カフェにも注目を。

☎077-592-1155
大津市木戸1547-1
9:30〜17:00
土・日曜、祝日9:00〜
無休
※4・6・11・12月施設点検整備休業有
P1700台(有料)
http://www.biwako-valley.com

山遊び

湖岸で水遊びもいいけれど、たまには遠くから眼下に琵琶湖を望んでみては。まるで空中を歩くようなアスレチックやパラグライダー、史跡を楽しむ歴史さんぽ、森を歩く癒しのトレッキングなど、滋賀の山はまだまだ楽しめそう。

ゴールとなる調子ヶ滝は3つの滝からなり、全長13m。スタートからおよそ30分の道のり。森林浴+マイナスイオンで癒し効果も倍増!

MAP / P124_1
高島市びわこ水源の森
たかしましびわこすいげんのもり

リラックス効果を実感する森林浴

琵琶湖北西に位置する高島の森は、生理・物理・科学的検証を経て、森林セラピー基地「高島市びわこ水源の森」として認定を受けた。森林の中に身を置き、軽い運動をすることでストレスを緩和する効果が見込めるのだそう。初心者には片道1.3kmの調子ヶ滝コースがおすすめ。全身で森のパワーを感じながら、心身ともにリフレッシュしよう。

高島市びわこ水源の森に関する問い合わせ
☎0740-25-8512(高島市役所森林水産課)
高島市新旭町北畑565
8:30〜17:15
土・日曜、祝日休

立っているだけで癒される♪

青々とした木々の中に佇むだけで癒されそう。調子ヶ滝コースは斜面が緩やかなので老若男女問わず楽しめる

110

SHIGA | 山遊び

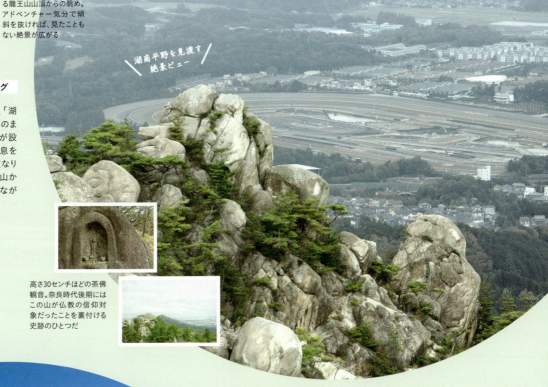

琵琶湖や三上山まで望める龍王山山頂からの眺め。アドベンチャー気分で傾斜を抜ければ、見たこともない絶景が広がる

湖南平野を見渡す絶景ビュー

MAP / P125_2
金勝山
こんぜやま

巨石・奇岩を渡り歩くハイキング

龍王山、鶏冠山などの峰が連なり、「湖南アルプス」とも称される金勝山。自然のままの地形を活かしたハイキングコースが設けられ、スケール大の巨石・奇岩には息を飲むばかり。なかでも無数の巨岩が重なり合う天狗岩や、湖南平野を望む龍王山からの眺めは圧倒的。空を間近に感じながら、感動のハイキングを体験しよう。

☎077・551・0126
（栗東市観光物産協会）
P有（馬頭観音堂前）
※2016年9月17日〜11月27日の土・日曜、祝日はJR手原駅〜金勝寺間で「こんぜめぐりちゃんバス」を運行
http://www.ritto-kanko.com/

高さ30センチほどの茶佛観音。奈良時代後期にはこの山が仏教の信仰対象だったことを裏付ける史跡のひとつだ

小学生から70歳までが参加する空中散歩。地上からはまず見ることができない、上空からのアングルは忘れられない体験になるはず

山の上から琵琶湖を一望！

MAP / P124_1
伊吹山パラグライダースクール
いぶきやまパラグライダースクール

空から琵琶湖の大パノラマを体感

半日体験からライセンス取得のマスターコースまで、幅広い層が参加するパラグライダースクール。機材説明や飛び方のコツなど、事前に入念な講習と練習があるので、初心者でも心置きなく参加できる。体験ゲレンデから見渡す、琵琶湖の眺望も絶景！ 参加者の7割が20〜30代の女性、JR近江長岡駅から無料送迎もあるので、気軽に体験してみよう。

☎0749・58・1382　米原市上野1488-2
8:00〜17:00
※体験は前日までに要予約
（受付7:00〜20:00、☎090・7762・9933）
無休（荒天時臨時休業有）　P30台
http://bluesky1377.com/

まずは装具の名称や使い方のレクチャーを受ける。女性インストラクターが常駐しているので、女性一人でも気軽に参加できる

昼も夜も楽しむ
大津

官庁街で、夜のディープな飲み屋が多かったのはもう随分前のこと。
思わず頬のゆるむスイーツやカフェが進出ラッシュで、夜の店では
陽気で素敵な若手店主が続々とのれんを掲げている。

「どうしても大津がよかった」と地元で開業した中島さん。地域に愛される店づくりを目指し、店長を務める奥さんと二人三脚で店を営む

MAP / P131_18

PATISSERIE LA POCHE
パティスリー ラ ポッシュ

地元への愛を感じるケーキ

　大阪や滋賀の名門ホテルでキャリアを積んだパティシエの中島さんが、「地元である大津を盛り上げたい」と独立開業。家具や什器の製作を大津在住の家具職人に依頼するなど、地域の人々と一緒にお店を作り上げた。余計なものを省くことで値段を落とした良心的な価格設定には、そんな地域への感謝の気持ちが込められている。多い時には1日100個売れるというシュークリームや、濃厚なチーズケーキは中島さんの自信作。シンプルなのに奥深い、プロのスイーツを堪能あれ。

☎077・548・8624
大津市松本1-1-1
10:00〜19:00
火曜休、水曜不定休
イートイン不可
P3台

シュークリームはお早めに！

1.生クリームとカスタードをミックスした特製クリームがずっしり。サクサクのパイ生地をひと口かじれば、中からクリームが溢れ出す！　2.信楽のほうじ茶を使用し、隠し味にあんずのジャムを忍ばせたチョコレートムース。見た目以上に濃厚なほうじ茶の味を楽しめる　3.しっとりときめ細やかな舌触りが評判のベイクドチーズケーキ。底に敷いたシナモン風味のサブレがアクセントになり、全体の味を引き締める

3 フロマージュNY 350円
2 ショコラほうじ茶 430円
1 シュー・ア・ラ・クレーム 280円

SHIGA | 大津

MAP / P131_18
cafe bonbon
カフェ ボンボン

百貨店勤務の経験を活かして

　百貨店でキッチン雑貨を販売していた2人が、念願のカフェをオープン。[ル・クルーゼ]の鍋で煮込むハンバーグや、[イッタラ]のマグで提供するハンドドリップコーヒーなど、用具や器を駆使するだけでなく、調理法も細部までこだわる料理は、どれも丁寧な仕事を感じる。なかでも1週間以上熟成させた珍しいパウンドケーキ「カトルカール」は必食だ。

KID'S DATA
子ども可／子どもメニュー無／子どもイス無

ハンバーグプレート 918円
カトルカール アイス添え 432円
店内もすべてハンドメイドです

1.ブランデーを含ませてじっくり寝かせたカトルカールは、洋酒の香りが広がる大人のケーキ。コーヒー486円はケーキとセットで100円引き　2.赤味噌が隠し味のデミグラスソースで煮込んだハンバーグはごはんがすすむ味。ランチを楽しめるお店が少ない界隈の救世主的存在

☎077・523・0808
大津市京町4-5-23 フォレスト京町ビル1-A　11:00〜21:00(LO／20:30)　土曜、祝日〜17:00(LO／16:30)　日曜休※その他臨時休業有　全席禁煙　完全個室無　P無　Facebook／cafebonbon2016で検索

MAP / P131_18
madocafe
マドカフェ

琵琶湖を眺めながら至福の時を

　大津市民会館2Fにある人気カフェ。隠れ家のような佇まいだが、休日は行列ができることもしばしばだ。琵琶湖を望むソファ席からは、四季ごとに表情を変える水辺の風景が楽しめる。人気は無農薬栽培の湖北産小麦を全粒粉で使うワッフルで、モッチリ香ばしい生地を景色とともに味わう時間は格別だ。フレンチを学んだ店主が腕を振るう、煮込み料理がメインのランチも外せない。

KID'S DATA
子ども可／子どもメニュー無／子どもイス無

ブルーベリーヨーグルト ワッフル 600円

1.ラテアートを描いたカフェラテ470円。ワッフルとセットにすると840円。ドリンクはほかに、コーヒーなど10種を揃える　2.ワッフルはチョコバナナなど5種類。トッピングのアイスもバニラなど6種を揃えるので、お好みのものを添えて召し上がれ

☎077・525・5516
大津市島の関14-1 大津市民会館2F
11:00〜17:00(LO／16:30)
土・日曜、祝日〜18:00(LO／17:30)　ランチ〜14:00(LO)
月・第3火曜休(祝日の場合は翌日)
全席禁煙　完全個室無　P無
http://www.madocafe.net/

MAP / P131_18
HAWAIIAN Kitchens
ハワイアン キッチンズ

全制覇したくなるパンケーキ

　旧大津公会堂地下1階にある、ハワイ料理専門店。現地感たっぷりのランチも必食だが、スイーツならやっぱりパンケーキ！タロイモの入ったしっとりふっくらな甘さ控えめの生地に、生クリームがてんこ盛り。キャラメルチョコバナナなどの定番5種や季節限定パンケーキと、種類も豊富で申し分なし。

KID'S DATA
子ども可／子どもメニュー無／子どもイス無

パンケーキ 1450円

フルーツと生クリームがたっぷりの幸せパンケーキ。パインやベリーといった果物がみずみずしく、ボリューミーなのにペロリといける

☎077・527・7773
大津市浜大津1-4-1 旧大津公会堂B1F
11:00〜22:00
(フードLO／21:00、ドリンクLO／21:30)
ランチ11:00〜14:30
木曜休　全席禁煙
完全個室無　P8台(共用)

113

2
串揚げ5本盛り
734円

近江牛を含む串揚げ5本盛り。口の中でトロリと溶けるカマンベールは、ぜひリクエストしてみて。日本酒はグラス432円〜

霜降り近江牛の炙り串
1本432円

塩・コショウのシンプルな味付けで、肉本来の旨みが生きる。アツアツジューシーな近江牛を頬張って!

1
焼きポテトサラダ
焦がしマヨネーズ450円

だしまき
550円

ポテサラ好きを公言する店主の一押し。ベーコン、玉ねぎ、じゃがいものシンプルなポテサラ

卵を3つも使うという、贅沢仕様のだし巻きが人気。一気に強火にかけふんわりと仕上げる

4
馬刺し
1100円

人気メニューのひとつ、熊本から直送される馬刺しは、脂身がのって日本酒のお供にうってつけ

甘い脂身とあっさりとした肉質が特長の宮崎県産日向豚を、新鮮レタスと共に特製塩ダレで味わう

日向豚とレタスのしゃぶしゃぶ鍋
一人前980円

3
金時芋蜜煮、芋づる山椒煮などの和風テイストに、海老のビスクといったフレンチの味わいをプラス

日替わりのつきだし
500円

とうもろこしご飯
1380円

とうもろこしの甘みが香る土鍋ご飯はほくほくのうちに味わって。オーダーはお早めに

MAP / P131_18

4 酒仙 ひむか
しゅせん ひむか

唎酒師が厳選する各地の味に感動

唎酒師資格をもつ支配人が、全国の地酒から年間200銘柄、常時50銘柄を厳選。燗はチロリで湯煎し、酒の特長や客の好みや、季節や料理に合わせて最高の一杯を提案してくれる。宮崎産日向豚とレタスのしゃぶしゃぶ鍋や尾鈴山地鶏の陶板焼、北海道産本ししゃもなど、産地の魅力を堪能できる料理と美酒に酔いしれたい。

☎077・526・4353
大津市末広町3-3
17:00〜23:30
(LO／22:50)
日曜、祝日休
禁煙席無
完全個室有　P無

KID'S DATA
子ども可／子どもメニュー無／子どもイス無(座敷あり)

MAP / P131_18

3 直
なお

抜群の鮮度が光る季節料理に舌鼓

隣接する京赤地鶏店から毎朝仕入れる朝引き地鶏をはじめ、近江野菜に天然魚など、鮮度抜群の食材が店主・藤江さんの腕にかかれば唯一無二の旬の味に。和食中心に日替わり50種類ほどの献立が揃い、シェフ経験を活かしたフレンチテイストの料理が登場することも。日本酒は地元産中心に約50種類がスタンバイ。

☎077・572・9711
大津市末広町3-1
17:30〜24:00
火曜休
禁煙席無
完全個室無　P無

KID'S DATA
子ども可／子どもメニュー無／子どもイス無

MAP / P131_18

2 駅前酒場 御蔵
えきまえさかば おくら

コスパに驚く駅前のカジュアル酒場

思わず毎日暖簾をくぐりたくなる和みの場。お造り盛り合わせなど日替わりメニューから、1,500円でドリンク2杯とおつまみ3品が楽しめるセットまで、コストパフォーマンスは抜群。地酒は滋賀を中心に約40種類を用意。「安いけど美味しい」を信条に、店主・駒井さんが試行錯誤を重ねる、駅前の愛すべき一軒だ。

☎077・522・0022
大津市浜大津2-1-26
17:30〜24:00
(LO／23:00)
日曜、祝日休
禁煙席無
完全個室無　P無

KID'S DATA
子ども可／子どもメニュー無／子どもイス無

MAP / P131_18

1 松本一丁目酒場 いざかっぱ
まつもといっちょうめさかば いざかっぱ

給料日前の強い味方

夜風に揺れる提灯に、中が丸見えのビニールカーテン。「これぞ酒場の王道」といった風情のサラリーマンの聖地。滋賀の地酒を中心に多彩な日本酒を揃えるが、何といってもおすすめはワンコインで楽しめる「日本酒3種飲み比べセット」500円。自慢の酒肴も1品500円前後がほとんどで、味もサービスも値段以上。

☎077・574・7608
大津市松本1-4-2
12:00〜13:30　17:00〜23:00(LO／22:30)　日曜、祝日休　時間により禁煙(12:00〜13:30)　完全個室無　P無(夜のみコインP料金サービス有)
Facebook／いざかっぱで検索

KID'S DATA
子ども可／子どもメニュー無／子どもイス無

京都の老舗居酒屋グループ初のイタリアンバル

石窯 Rossa Shioriya

> **本格石窯ピッツァと
> 各国ワインでご機嫌な夜を**

野菜のフリッタータやアイコトマトの
カプレーゼなどを贅沢に楽しめる前菜
の盛り合わせ1058円はシェアに最適

ブロックで焼いた後、少し寝かせて
肉汁を閉じ込めた旨みたっぷり近江牛
タリアータ バルサミコソース1598円

創作和食料理屋［栞屋グループ］初となる、待望のイタリアンバルが JR大津駅前にオープン。「石窯で焼くピッツァや生パスタ、ワインなど本格メニューを気軽に味わってほしい」というコンセプトのもと、リーズナブルな価格でゲストをもてなす。バラエティ豊富なメニューの中でも、オーダー必須なのは店主イチオシのナポリピッツァ。オーダーが入ってから粉を手早く捏ね、石窯で焼き上げるこちらの逸品は、中モチモチ、外はカリッと香ばしい"モチカリ"生地が自慢。他にもミラノのサラミ、イタリアの生ベーコン・パンチェッタなど本場の味が味わえるのも魅力。料理の良きパートナーであるワインは世界各国から取り寄せられ、ボトル3024円～、グラス432円～とお手頃価格が嬉しい。中でも、目の前でグラスから溢れるほど注がれる、こぼれスパークリング648円はテンションをアップさせてくれる一品。

ナポリピッツァの代表格マルゲリータ
950円。赤ワインをふんだんに用いた
ミートソースのボロネーゼ1188円

[石窯 Rossa Shioriya]
☎077・525・1221
大津市梅林1-3-4 京都屋大津駅前ビル2F
17:00～23:00
無休 全席禁煙 完全個室無 駐車場無
http://shioriya.com/

大人も羨むおしゃれアイテムがズラリ

雅樂
うた

ウッディー＆ナチュラルテイストの店内には、天然素材の風合いが魅力な[FITH]をはじめ、[BOBO CHOSES]などユニークで斬新な欧州のインポートまで国内外のブランドがラインナップ。キッズ仕様という概念にとらわれず、質感や着心地を考慮し独自に提案するコーデは、大人も着たくなるほどカッコよくてキュート。カジュアルだけど、クオリティにこだわった上質な洋服が揃う。

クリップで取り外せる迷彩カラーの蝶ネクタイをデニムシャツに合わせるなど、大人顔負けのスタイルを提案

作家がフリーハンドで描く図柄は、顔の表情も一つひとつ異なる。世界に1枚しかない手描きTシャツはプレゼントにぴったり。Tシャツ3240円〜

☎077・527・7146　大津市打出浜14-30　大津パルコ3F
10:00〜20:30　不定休（大津パルコに準ずる）　P有（有料）

SHIGA | 高島

今日はのんびりと
高島

比良山系から琵琶湖へ注ぐ清らかな水、目の前に広がる棚田の景色。高島でお店を営む人たちは、この立地と豊富な自然の恵みを活かし、各自のペースで最高の時間を提供してくれる。どこまでもおおらかな景色とみんなの笑顔に癒されよう。

パンも石窯も手作りです

4種類のピザは各850円。人気は、サラダとコーヒーや紅茶をセットにできるピザセット1500円。石窯でじっくり焼いた香ばしいピザは絶品

きのこのピザ
850円

川風と水音が心地よく、棚田が続く雄大な光景を独占できるテラス席。ゆったりした時間とともに味わう焼きたてピザは格別

MAP / P124_1

遊楽石窯 かものしらべ
ゆうらくいしがま かものしらべ

**石窯で焼き上げた香ばしいピザと
雄大な景色を楽しむ至福の時間**

　大阪で製造業を営んでいた店主の正司さんが、ロケーションに一目惚れして念願のカフェをオープンしたのが10年前。石臼で挽いた全粒粉と自家製天然酵母のパン、自家菜園で育てた野菜たっぷりのピザ、それらを焼く石窯や、梁に使う予定だった木を利用して作った家具など、食材から設えまで手作りというから驚きだ。ピザは外はカリッと香ばしく、中はモッチモチで小麦の風味を強く感じる。石臼で挽いたコーヒーと川のせせらぎ、絶景とともに味わうひと時は、何ものにも代えがたい。

☎0740・37・8011
高島市黒谷599-1
3〜4月、10〜12月11:00〜17:00
5〜9月11:00〜18:00
金〜日曜、祝日のみ営業、
第三日曜休、1〜2月休
テラス席のみ喫煙可　完全個室無　P8台
http://kamonosirabe.yamanoha.com

KID'S DATA
子ども可／子どもメニュー無／子どもイス無

毎朝焼きたてが10種類前後並ぶパン。レーズン入りのぶどうパン250円、あんぱん300円、自家製ゴマをトッピングしたバターパン250円

岡野さんと友人たちでセルフビルドしたギャラリー兼客席のスペース「＋ハコ」。滋賀の作家の陶器や木工製品、染作品は展示・販売もしている

MAP / P127_6

高島ワニカフェ
たかしまワニカフェ

近江の恵みとのんびり時間を堪能

　趣味で珈琲を自家焙煎するなど、いつかはカフェを開きたいと考えていた店主の岡野さん。修業時代には契約農家の野菜を活かす料理のおもしろさに気付き、生産者と消費者を繋ぐ役割を担う店にしたいと、奥さんの地元である高島で夢を実現した。店では地元農家や漁師から仕入れた素材を使うことはもちろん、食育や流通にも力を注ぎ、味噌や醤油造りのワークショップも開催している。「料理の主役は生産者」と語る岡野さんの料理は、素材の味を壊さないやさしい味付けが好評だ。

☎0740・20・2096
高島市勝野1401 びれっじ6号館
火～木曜11:30～17:30(LO／17:00)
金～日曜11:30～21:00(LO／20:00)
月曜休　全席禁煙　完全個室無
P30台（共用）　http://www.wanicafe.com/

KID'S DATA
子ども可／子どもメニュー無／子どもイス無

スープとパン、前菜盛り合わせ、パスタとデザート、ドリンクが付いたBセット1550円。この日のパスタは高島産赤地鶏のコンフィ

Bセット
1550円

SHIGA | 高島

MAP / P127_6
MIZU café cocco
ミズ カフェ コッコ

高島が誇る"水"と"発酵"を発信

　地域の契約農家からの新鮮野菜と、"平成の名水百選"に選ばれた比良山系の伏流水、酒粕や塩麹、果実を発酵させたドレッシングなど、添加物不使用の発酵食品を用いた手間のかかる料理を、カフェで気軽に食べられると評判。発酵食品独特の匂いやクセはなく、コクと旨みが凝縮された味わいで夢中になる人も。高島の地に根付く食文化を体感して。

KID'S DATA
子ども可／子どもメニュー有／子どもイス有

一汁七菜ランチ 1200円

味噌や鮒寿司飯、水切りヨーグルトなどの発酵食品で味付けしたおかず7種類とドリンク付き。メインはサーモンなどを月替わりで

☎0740・25・8131
高島市新旭町旭1-10-1 高島市観光物産プラザ内
9:30～17:00(LO／16:30) ランチ11:00～14:00
火曜休　全席禁煙　完全個室無　P50台(共用)
http://mizucafe-cocco.com/

古良慕の週替わり
ごはんプレート1080円

地元の旬の野菜を16種類も豊富に使ったおかずを、約9種週替わりで盛り付け。数量限定なので予約がおすすめ。14時までのワンプレートランチ

☎080・9758・3780
高島市新旭町旭460
11:30～18:00(LO／17:00)
水曜休※祝日の場合は営業、他臨時休業有
全席禁煙（喫煙スペース有）
完全個室無　P10台
http://collabo-cozai.main.jp/collabo/

MAP / P127_6
喫茶 古良慕
きっさ こらぼ

趣ある空間で地元素材のランチを

　器や木工、藍染めなど、職人や作家が多く暮らす高島に2013年にオープン。「人と人、人とモノが繋がる場所」をコンセプトに、カフェ営業だけでなく、作家作品の展示や販売も行っている。時間が止まったような空間は、湖北の古民家の建具を使用し、ランチは高島産を中心とした野菜を用いるなど、訪れるだけでこの土地のさまざまな魅力に触れられる。

KID'S DATA
子ども可／子どもメニュー無／子どもイス無

MAP / P127_6
菓子工房 Nico*niCo*
かしこうぼう ニコニコ

月3日だけオープンするケーキ店

　京都や兵庫のケーキ店で経験を積んだ店主が、地元の高島でオープン。元は受注販売のみだったのが評判となり、今では毎月5の付く日のみ開店。営業日には朝から多くの人が来店し、午後には売り切れることもある人気ぶりだ。ショーケースにはいちごショートやモンブランなど、地場のフルーツを使った気取らないケーキたちが、常時約13種並んでいる。

マンゴーとキャラメルのムース420円

たっぷり使用したマンゴーのさわやかな甘酸っぱさと、香ばしいキャラメルが絶妙にマッチ。口溶けの良いムースは夏にぴったり

☎非掲載
高島市安曇川町田中1443-1
11:00～18:00※売り切れ次第終了
毎月5・15・25日のみ営業
（上記営業日以外はバースデーケーキの受注生産・販売）　イートイン不可　P有
http://niconicosmile.shiga-saku.net/

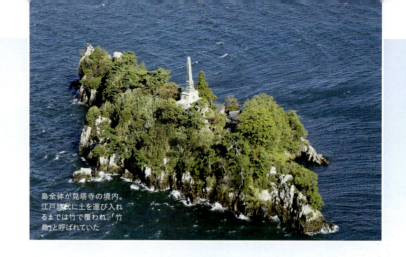

MAP / P124_1
多景島
たけしま／彦根

彦根市沖合に浮かぶ景勝の島

　周囲600mという小さな島で、眺める方角により、さまざまな景色を見せることがその名の由来。古くから島そのものを御神体として、崇敬されてきた歴史を持つ。島内には、明暦元年(1655)年に日靖上人が開山した日蓮宗寺院・見塔寺のほか、「南無妙法蓮華経」と刻まれた高さ10mもある題目岩、島の西端には展望台・見晴らし岬などが点在する。

島全体が見塔寺の境内。江戸時代に土を運び入れるまでは竹で覆われ、「竹島」と呼ばれていた

島、行っちゃう？

　のんびり過ごしたいとき、非日常を味わいたいとき。おすすめは島旅。1人で行っても、友達を誘っても良い。島で生きる人々の生活ぶりを感じたり、人のいない島内を散策したりするだけで、人生にちょっとしたスパイスが加わるはず。好奇心と行動力さえあれば、きっとステキな旅になる。

島民の足として三輪自転車が大活躍。多くの家庭は自家用船も所有しているとか

豊臣秀吉の船材を用いたといわれる「舟廊下」。都久夫須麻神社の本殿も国宝に指定される

MAP / P125_2
沖島
おきしま／近江八幡

自転車が活躍する琵琶湖最大の島

　近江八幡市の湖岸から約1.5kmの沖合に浮かぶ島で、その大きさは琵琶湖最大。日本唯一の淡水湖の有人島としても知られ、約300人弱の島民が暮らす。島には自動車が一台もなく、自転車が主な交通手段。島内には、和銅5年(712)の創建で『延喜式』にも記される奥津嶋神社があるほか、漁協会館で販売されている島の魚介＆野菜が満載の弁当も美味。

MAP / P124_1
竹生島
ちくぶしま／長浜

湖上に浮かぶパワースポット

　伝教大師や弘法大師も訪れたといわれ、古くから信仰を集めてきた霊場。西国三十三所札所に数えられる宝厳寺が有名で、神亀元年(724)に聖武天皇が天照大神のお告げを受け、建立されたと伝わる。また、国宝の「舟廊下」を渡れば、都久夫須麻神社へと向かうことができる。ルートもわかりやすく、ぐるりと一周しても所要時間は1時間ほど。

924円（税別）

京都&滋賀
眺めのいい店
好評発売中！

がんばる自分への
ごほうびに。
美味しいごはんと
とびきりの風景を。

- 眺めのいい店
- ファーム&ワイナリー
- ロケーションのいい店
- 素敵なテラス席
- モミジを愛でる
- 桜が目の前
- きれいな庭
- 川沿いの店
- 湖畔にある店
- 一軒家レストラン&カフェ

日常を、リセット

滋賀MAP

≫ MAP1 滋賀県北部

124

≫ MAP 2 滋賀県南部

≫ MAP 4 彦根

≫ MAP 3 長浜

SHIGA | 滋賀MAP

≫ MAP 6 高島

≫ MAP 5 木之本

≫ MAP 8 八日市

≫ MAP 7 永源寺

● グルメ　● グルメ以外の雑貨やスポットなど

≫ MAP 10 近江八幡

≫ MAP 9 竜王・水口・日野

≫ MAP 12 信楽

≫ MAP 11 甲賀

SHIGA | 滋賀MAP

>> MAP 15 守山

>> MAP 13 野洲

>> MAP 14 栗東

≫ MAP 17 石山・瀬田

≫ MAP 16 草津・南草津

SHIGA | 滋賀MAP

>> MAP 19 湖西

>> MAP 18 大津

● グルメ　● グルメ以外の雑貨やスポットなど

店名	ページ	ジャンル	map番号
Blueberry Fields 紀伊國屋	P42	ファーム＆レストラン	P131_19
フレンドシップアドベンチャーズ	P39	リバーバギング	P125_2
＜へ＞			
bakery Anne	P24	パン	P129_14
BENTO.	P73	お弁当	P127_8
＜ほ＞			
VOID A PART	P12-13	ショップ＆カフェ	P125_2
逢茶 あまな	P79	カフェ	P128_10
ぽれぽれマルシェ	P7	マルシェ	P124_1
＜ま＞			
松瀬酒造	P92	酒蔵	P125_2
松本一丁目酒場 いざかっぱ	P114	居酒屋	P131_18
madocafe	P113	カフェ	P131_18
魔法のパスタ	P87	イタリアン	P129_15
満月マルシェ	P6	マルシェ	P125_2
＜み＞			
MIZU café cocco	P119	カフェ	P127_6
道の駅 妹子の郷	P29	道の駅	P131_19
道の駅 奥永源寺渓流の里	P74	道の駅	P127_7
三ツ星甘実 しぜん堂	P54	スイーツ	P126_3
＜め＞			
麺屋 號tetu	P34	ラーメン	P126_3
めんや 三平	P33	ラーメン	P126_4
麺屋 白頭鷲	P35	ラーメン	P129_15
麺屋 半蔵	P35	ラーメン	P126_4
麺や 結	P35	ラーメン	P129_15
＜も＞			
門前茶屋 かたたや	P88	ダイニング	P129_15
Mont pain	P27	パン	P128_9
＜や＞			
焼菓子屋 Ranunculus	P106	焼き菓子	P130_17
やきとりまんま工務店	P68	居酒屋	P126_4
焼まんじゅう 菴	P74	焼まんじゅう	P127_8
山さん ラーメン	P35	ラーメン	P129_15
山中屋製パン	P27	パン	P123_0
山のごはん よもぎ	P8-9	食堂	P124_1

店名	ページ	ジャンル	map番号
ヤンマーミュージアム	P75	工場	P126_3
＜ゆ＞			
UCC滋賀工場	P75	工場	P125_2
遊楽石窯 かものしらべ	P117	カフェ	P124_1
ゆっくりマルシェ in まいばら	P7	マルシェ	P124_1
＜よ＞			
八菓市庭緑 いせとう	P71	スイーツ	P127_8
洋食 SHIMADA	P63	洋食	P126_4
横浜家系 ラーメン秀吉家	P35	ラーメン	P129_15
吉田酒造	P92	酒蔵	P124_1
よりみちぱん	P25	パン	P131_18
＜ら＞			
らー麺 鉄山靠	P34	ラーメン	P130_17
ラーメン 奏	P32	ラーメン	P129_13
らーめん チキン野郎	P34	ラーメン	P126_4
ラーメン 桃李路	P34	ラーメン	P130_17
la-men NIKKOU	P34	ラーメン	P126_4
らーめん与七	P35	ラーメン	P131_19
LIFE DESIGN SHOP STYLE9	P47	インテリア＆雑貨	P131_19
来来亭 野洲本店	P35	ラーメン	P129_13
LA COCOTTE	P72	ココット料理	P127_8
ラ コリーナ近江八幡	P15	スイーツ	P128_10
La Pietra	P103	イタリアン	P130_17
＜り＞			
Ristorante VERSARE	P97	イタリアン	P130_16
Rizes 近江八幡バル	P78	バル	P128_10
Ruisseau	P17	フレンチ	P126_3
＜ろ＞			
Roti PRIME BEEF	P98	肉料理	P130_16
炉ばた-五	P94	居酒屋	P130_16
＜わ＞			
ワイルドキッチン石窯パン工房	P26	パン	P127_8
ワイン食堂 agapé	P86	バル	P129_15
和・DINING しゅん	P88	和食	P129_15
wäkkaya BREAD & DOUGHNUT	P69	パン＆ドーナツ	P126_4

SHIGA | INDEX

店名	ページ	ジャンル	map番号
茶楽園	P85	茶園	P128_12
茶のみやぐら	P85	スイーツ	P125_2
ちゃんぽん茶屋 をうみ	P34	ラーメン	P125_2
中華そば 殿 雄琴店	P34	ラーメン	P131_19
中国菜 秀	P89	中華	P129_13
中国料理 招禄	P66	中国料理	P126_4
中国料理 龍鱗	P67	中国料理	P126_4
＜つ＞			
TREES	P46	雑貨	P125_2
つるやパン まるい食パン専門店	P14	パン	P126_3
鶴屋益光	P43	和菓子	P131_19
＜て＞			
ティースペース茶楽	P77	カフェ	P128_10
Tea Room Maman	P90	カフェ	P129_14
でこ姉妹舎	P73	完全菜食	P127_8
鉄板屋Ramp	P44	鉄板焼き	P131_19
點心	P34	ラーメン	P129_15
＜と＞			
道次商店	P55	和菓子	P124_1
W.Bolero　守山本店	P90	スイーツ	P129_15
Dunpas	P39	SUPヨガ	P131_19
徳山鮓	P22	料理旅館	P127_5
TOPPIN OUTDOOR & TRAVEL	P47	アウトドア専門店	P125_2
冨田酒造	P59	酒蔵	P126_5
＜な＞			
直	P114	居酒屋	P131_18
中澤酒造	P93	酒蔵	P127_8
なごみ 康	P94	和食	P130_16
＜に＞			
ニクバル モダンミール	P28	肉料理	P131_18
日本酒BAR 十八番	P104	居酒屋	P130_17
日本料理 水幸亭	P67	日本料理	P126_4
＜の＞			
農家レストランだいきち	P28	肉料理	P131_19
nora café	P81	カフェ	P128_9

店名	ページ	ジャンル	map番号
＜は＞			
Herb Garden Cafe 光の穂	P10	カフェ	P125_2
HARB+CAFE ALOHA KITCHEN	P108-109	カフェ	P131_18
梅花亭	P35	ラーメン	P126_3
PASTA&PIZZA Pacioccone	P40	イタリアン	P131_19
畑酒造	P93	酒蔵	P127_8
PASSO	P56	イタリアン	P126_3
pâtisserie bon SOUVENIRS	P108	スイーツ	P131_18
Patisserie Youpi Youpi	P106	スイーツ	P130_17
PATISSERIE LA POCHE	P112	パティスリー	P131_18
噺し処 魚炉	P95	和食	P130_16
パラディゾ	P18	イタリアン	P124_1
はらぺこ朝市＠モモの樹	P7	マルシェ	P126_4
ハレルヤ	P103	バル	P130_17
パワーゾーン・リバーベース滋賀	P38	シャワークライミング	P127_7
HAWAIIAN Kitchens	P113	カフェ	P131_18
半月舎	P64	古本	P126_4
＜ひ＞			
BSCウォータースポーツセンター	P39	ウォータースポーツ	P131_19
violet	P65	パティスリー	P126_4
彦根で朝市	P7	マルシェ	P126_4
ひしや	P69	和菓子	P126_4
ビストロ20	P87	洋食店	P129_13
ピッツェリア ウノ	P31	ピッツァ	P125_2
日登美山荘	P11	宿	P127_7
びわ湖大津プリンスホテル	P38	ホテル	P130_17
びわ湖バレイ	P110	アスレチック	P125_2
びわこレストランROKU	P55	フレンチ	P126_3
＜ふ＞			
Farfalle	P43	イタリアン	P131_18
風来居	P78	カフェ	P128_10
Boulangerie Coffret	P25	パン	P129_13
Puka Puka	P38	SUP	P125_2
藤あられ本舗	P81	あられ	P128_9
petit CANAL	P22	カフェ	P128_10
primrose	P41	カフェ	P125_2

店名	ページ	ジャンル	map番号
喫茶 古良慕	P119	カフェ	P127_6
Kitchen RIZUKI	P62-63	洋食	P126_4
キリン滋賀 おいしさ 体感ファクトリー	P75	工場	P126_4
<く>			
朽木新本陣 日曜朝市	P7	マルシェ	P124_1
蔵四季	P82	カフェ	P128_9
くらしと生活道具 あふみ舎	P54	器	P126_3
CULATELLINO	P97	イタリアン	P130_16
glük duft	P56	パン	P126_3
<こ>			
工房しゅしゅ	P30	スイーツ	P127_8
COFFEE&PIZZA café fukubako	P106	カフェ	P130_17
古株牧場	P30	チーズ	P128_9
古代米 すいらん	P76	カフェ	P128_10
ごはんやTOKU	P109	定食屋	P131_18
金勝寺	P36	寺院	P125_2
金勝山	P111	ハイキング	P125_2
<さ>			
The Good Luck Store	P64	生活道具	P126_4
酒の多賀	P93	酒蔵	P126_4
佐々木文具店	P30	雑貨	P124_1
<し>			
JAこうか	P84	直売所	P128_9
滋賀がいいもん市	P7	マルシェ	P130_17
滋賀県立 陶芸の森	P85	美術館	P128_12
信楽げなげな市	P7	マルシェ	P128_12
自然派パン工房 ふるさとの道	P27	パン	P125_2
地頭鶏白湯亭 日向〜HINATA〜	P33	ラーメン	P128_9
支那そば 大津 天下ご麺	P33	ラーメン	P131_18
シフォンケーキ yon	P30	スイーツ	P124_1
嶋屋	P43	和菓子	P131_19
chanto	P30	雑貨	P126_4
拾穂庵	P41	釜飯&カフェ	P131_19
酒仙 ひむか	P114	居酒屋	P131_18
酒游舘	P79	カフェ	P128_10
純近江牛 安田良	P98	肉料理	P130_16

店名	ページ	ジャンル	map番号
旬彩の森	P31	道の駅	P124_1
正妙寺	P37	寺院	P127_5
<す>			
SPANISH BAR SOLA	P103	バル	P130_17
SPANISH BAR PLOMO	P96	バル	P130_16
SPOON LIFE ON WORKS	P109	カフェ	P131_18
炭火割烹 まつ瀬	P95	割烹	P130_16
炭火割烹 蔓ききょう	P104	炭火割烹	P130_17
炭火串焼き ソラナカ	P44	串焼き	P131_19
炭焼ダイニング 美味皆快 膳所店	P108	炭焼き	P131_18
炭火焼 とりや	P82	鶏料理	P128_11
炭火焼肉 田尻 守山店	P89	焼き肉	P129_15
炭火焼豚丼 信玄	P44	豚丼専門店	P131_19
すみれ堂	P109	串揚げ	P130_17
sumus marche	P7	マルシェ	P130_16
<せ>			
瀬田川洗堰	P52	堰	P130_17
セトレ マリーナ びわ湖	P20-21	ホテル	P131_19
セレナ食堂	P102	バル	P130_17
鮮魚とおでん 陽と月	P79	おでん	P128_10
鮮魚と炉端焼き 魚丸	P68	居酒屋	P126_4
善水寺	P37	寺院	P128_9
千成亭別館 華見	P67	近江牛	P126_4
<そ>			
創作家庭料理 おかん	P104	和食	P130_17
そば処 山久	P84	蕎麦	P128_12
<た>			
ダイコウ醤油	P59	醤油	P126_5
鯛の鯛	P104	居酒屋	P130_17
高島ワニカフェ	P118	カフェ	P127_6
多景島	P120	観光スポット	P124_1
高島市びわこ水源の森	P110	セラピーロード	P124_1
谷野製麺所	P81	食堂	P128_9
dub plate	P62	ビストロ	P126_4
<ち>			
竹生島	P120	観光スポット	P124_1

INDEX

SHIGA | INDEX

店名	ページ	ジャンル	map番号
＜あ＞			
R cafe at Marina	P23	カフェ	P131_19
青木煮豆店	P43	煮豆屋	P125_2
姉川ダム	P53	ダム	P124_1
ABARIS	P72	フレンチ	P125_2
aromatico	P86	イタリアン	P129_13
&Anne	P65	複合ショップ	P126_4
安養寺	P36-37	寺院	P129_14
＜い＞			
eX PLATINUM	P96	イタリアン	P130_16
石馬寺	P36	寺院	P125_2
イタリア料理 IL COPPIA	P19	イタリアン	P125_2
いち庵	P94-95	居酒屋	P130_16
市場の食堂	P66	海鮮丼	P126_4
一湖房	P60	佃煮	P126_3
伊吹山パラグライダースクール	P111	パラグライダースクール	P124_1
IYOMON いよもんカフェ	P70	カフェ	P127_8
IL COLORE	P19	イタリアン	P131_19
English Garden ローザンベリー多和田	P11	観光施設	P124_1
＜う＞			
魚松 信楽店	P28	肉料理	P125_2
宇曽川ダム	P52	ダム	P127_8
＜え＞			
駅前酒場 御蔵	P114	居酒屋	P131_18
Éclairer	P71	スイーツ	P125_2
＜お＞			
おうち食堂 tuku_ta	P41	食堂	P131_19
近江牛創作料理専門店 万葉 太郎坊亭	P29	肉料理	P127_8
近江牛焼肉 同 -MAWARI- 草津店	P98	肉料理	P130_16
近江神宮マルシェ"S"	P7	マルシェ	P131_18
オーガニック＆つながる マーケット・しがiN 三井寺	P7	マルシェ	P131_18

店名	ページ	ジャンル	map番号
Organic cafe HULL	P23	カフェ	P124_1
青土ダム	P52	ダム	P125_2
岡村本家	P75	酒蔵	P125_2
沖島	P120	観光スポット	P125_2
奥山の癒し処 風緑	P69	カフェ	P125_2
OJIOGGI	P25	パン	P129_15
osteria cielo alto	P18	イタリアン	P130_17
OSTERIA SOGNI D'ORO	P16	イタリアン	P131_18
Osteria Blanca	P103	イタリアン	P130_17
お茶とお菓子 Plus	P43	スイーツ	P131_18
おにくや食堂 Suehiro	P58	肉食堂	P126_3
おはな	P78	居酒屋	P128_10
御餅菓子 あかね軒	P90	和菓子	P129_14
親玉 本店	P60	和菓子	P126_3
御菓子司 大彌 水口店	P82	和菓子	P128_9
＜か＞			
Caro Angelo	P64	フラワー＆ セレクトショップ	P126_4
貝鮮 まるき	P68	居酒屋	P126_4
菓子工房 Nico*niCo*	P119	スイーツ	P127_6
菓子工房 フクモト	P65	焼き菓子	P126_4
菓匠 禄兵衛 木之本本店	P60	和菓子	P126_5
ガストロノーム	P107	カフェ＆ レストラン	P130_17
かね安	P29	肉料理	P128_10
cafe bonbon	P113	カフェ	P131_18
Cafe Cache	P77	カフェ	P128_10
Cafe Crepier Cono	P70	カフェ	P127_8
カフェ・雑貨 らっこや	P80	カフェ	P128_9
カフェレストラン ペコリーノ	P42	イタリアン	P131_19
鴨そば	P31	道の駅	P127_5
KAHALANI Coffee House	P109	珈琲店	P131_18
河内風穴	P69	観光スポット	P125_2
元祖 堅ボーロ本舗	P58	和菓子	P126_3
＜き＞			
季節のお菓子とおやつ gatto	P65	焼き菓子	P126_4
北島酒造	P93	酒蔵	P125_2
喜多酒造	P92	酒蔵	P127_8

やっぱりスキ。滋賀

2016年8月11日 初版第一刷発行
定価／本体924円＋税

発行者
中西真也

編集・発行
株式会社 リーフ・パブリケーションズ
〒604-8172 京都市中京区烏丸通三条上ル メディナ烏丸御池4F
TEL.075・255・7263 ／ FAX.075・255・7621
http://www.leafkyoto.net／info@leafkyoto.co.jp

EDITOR IN CHIEF
吉田美也子

EDITOR
佐藤桂子、西井紅音、沼口明季、八木真望

SPECIAL THANKS
観音寺豊一、上田紗耶子

CIRCULATING-SECTION
大塚健太郎、坂田尚也、塚腰亜友美、内山正之（西日本出版社）

AD STAFF
西澤邦広、原田淳史、細井悠玄、室信行、鈴木一司、井口卓哉

ACCOUNTING-SECTION
柿森洋一、岩田彩加

DESIGNER
岸本香織

PHOTOGRAPHERS
桂秀也、木村有希、鈴木誠一、高見尊裕、中尾写真事務所、夏見タカ、ナリタナオシケ、橋本正樹、畑中勝也、原祥子、廣森完成、マツダナオキ、平田加加、舟田知史、三國賢一、倉本あかり

WRITERS
飯塚真里、瓜生朋美、エフィール［豊田 裕美、今津裕貴、岡橋由記］神崎英子、後藤久美子、眞田健吾、立原里穂、土井淑八、中尾潤子、林掌子、廣瀬由仁子、藤田えり子、松本光範、闇雲啓介

MAP DESIGN
データ・アトラス株式会社

PRINTING
図書印刷株式会社

※落丁・乱丁はお取り替え致します。
※本誌掲載の写真・イラスト・地図及び記事の無断転載を禁じます。

© 株式会社 リーフ・パブリケーションズ 2016 Printed in Japan
ISBN 978-4-908070-29-7

Leaf MOOK・書籍案内

気になる本があれば、お近くの書店で注文してください！

■ 京滋の情報が盛りだくさん！

こどもと楽しい
京都・滋賀
924円（税別）

京都・滋賀
眺めのいい店
924円（税別）

京都・滋賀
みんなで楽しい青空遊び
924円（税別）

京都・滋賀
うまいらーめんのおいしいグルメガイド
924円（税別）

「京都・滋賀 子どもと一緒が楽しい Mama Leaf」
924円（税別）

京都のパン＆スイーツ＋滋賀 199
933円（税別）

Leaf MOOK・書籍の購入方法

Leaf MOOK・書籍はお近くの書店でもお申し込みいただけます。
（※一部受付できない書店もございますので、予めご了承ください）

「近所に Leaf MOOK が買える書店がない」という方には Leaf から郵送します。ご希望の MOOK を明記の上、郵便切手または現金書留で下記の本代と送料をお送りください。到着次第すぐにお送りさせていただきます。
（※お手元に届くのに、約1週間〜10日かかります。また、在庫切れの場合もございますのでご了承ください）

郵送の場合の宛先
〒604-8172
京都市中京区烏丸通三条上ル
メディナ烏丸御池4F
「Leaf MOOK」係

■送料について
送料は本代（※MOOK によって異なります）＋送料150円です。2冊以上の送料は、冊数×150円となります。

もっと京都を知りたい人におすすめ！ 月刊誌Leaf 年間定期購読のご案内

毎月、京都・滋賀の旬の情報を網羅した『Leaf』。買いそびれないためにも、毎月確実にお手元に届く定期購読をおすすめします！

年間購読料（1年間12冊分）定価500円×12ヶ月＝6000円（送料はかかりません！）
■お問い合わせ Leaf販売部 TEL.075・255・7263

お申し込み方法

1.直接申し込みの場合
現金書留にて、合計金額6000円と、住所、氏名、年齢、電話番号、ご希望の開始月を明記の上、下記住所までお送りください。

〒604-8172
京都市中京区烏丸通三条上ル メディナ烏丸御池4F
株式会社リーフ・パブリケーションズ 定期購読係

2.FAXにて申し込みの場合（銀行振込にてお支払）
FAX にてお申し込みの後、こちらから振込先をFAX にてお知らせします。振込が確認でき次第、本誌をお送りします。入金確認に少し時間がかかりますので、お手元に届くのが遅れますがご了承ください。

FAX.075・255・7621